鬼滅之刃

打造強韌內在的38個法則

心理學

井島由佳 著　林詠純 譯

前言

眞正的強韌，不在於力量

兒子把《鬼滅之刃》這部作品推薦給我時，我受到很大的衝擊，覺得這漫畫怎麼如此厲害。

我認爲這部作品是學生與年輕人必讀之作。

因爲沒有其他漫畫能**像這樣，充滿父母師長想要告訴孩子的訊息，而且畫得熱血又淺顯易懂**。

我們生活的現實世界非常嚴苛。

很多事無法盡如人意。

無法自由地去做自己想做的事。

不能馬上得到想要的東西。

也應該常常覺得自己「怎麼會這麼弱」「已經撐不下去了」。

我想大家常常聽到別人說，**爲了活下去，必須讓自己變強**。

卻很少有人能詳盡說明「怎麼做才能變強」。這或許是因爲，就連說著這些話的人，對於如何變得更強大，也沒有明確的答案。

但《鬼滅之刃》卻能清楚、淺顯地告訴讀者「這麼做，就能進步」。

《鬼滅之刃》所謂的「強大」

該怎麼做，才能變得更強？
人們所說的「強者」，又是如何行動和思考的呢？
《鬼滅之刃》透過登場角色，將答案畫給大家看。

譬如主角竈門炭治郎。
他是個眞正的強者。
但炭治郎的「強」，並非體現在技能與力量。
炭治郎的強大，在於他的人格。
舉例來說，他嚴以律己，卻寬以待人。自己覺得正確的事，他能清楚說出「正確」；覺得錯誤的事，也能明確指出「錯誤」。他愛護家人、體貼夥伴，也對與人類爲敵的鬼懷有慈悲心。他不怨恨、不嫉妒、不氣餒；坦率、純眞、一心一意想找出對方的優點，並將注意力集中於此，試圖給予接納與認同對方……

即便如此，炭治郎並不是個完美的人，有他脆弱的一面和天然呆的地方，讓人無法討厭。

沒錯，炭治郎就是個普通的少年。但他幾乎擁有在這個世界存活所需要的一切強大特質。在後面的文章裡，會再詳細跟各位說明。

我們雖然無法在現實中模仿炭治郎的必殺技與攻擊招式，卻能學習他的心態與提升自我的方法。

《鬼滅之刃》中還有許多充滿魅力的角色，他們或是說出令人印象深刻的臺詞，或是做出讓人想要仿效的帥氣行爲。

這部漫畫除了故事有趣，每個角色也都各自擁有突出的性格，讓人忍不住想把他們當成人生典範，這些特色都成爲這部作品之所以能打動各年齡層讀者的原因。

《鬼滅之刃》雖然是個奇幻故事，卻一點都不奇幻。

作品裡畫出了許多現實生活中依然受用的教訓。

不論大人或孩童，我們都希望有人能告訴自己該如何才能活得更堅強，這部漫畫便聚集了許多這類的教訓。

所以能打動大家的心、挑起眾人的熱情。

《鬼滅之刃》從二〇一六年春天起，在《週刊少年JUMP》連載。二〇一九年四月時，由於改編成動畫而引爆人氣，後來還製作了動畫電影，現在幾乎可說是日本的「國民漫畫」之一。

這部漫畫也引發許多社會現象。除了與漫畫有關的周邊商品瘋狂熱銷，至二〇二〇年一月爲止，系列原作的累計印量突破四千萬冊，動畫主題曲〈紅蓮華〉更是爆紅。角色扮演當然不在話下，許多人模仿書中人物的髮色、髮型和裝扮，想成爲他們的粉絲也不斷出現。

「鬼滅熱潮」的氣勢確實銳不可擋。

我也認爲這股熱潮是必然的趨勢。

之所以強大的理由

鬼滅之刃的舞臺是大正時期（一九一二年～一九二六年）的日本。

身爲家中長男，炭治郎在父親死後繼承了他的工作，致力於將山上砍伐來的木材製成木炭販賣，以維持一家生計。

某天，炭治郎到山腳下的小鎮賣炭時，家人遭到惡鬼襲擊，母親與四名弟妹慘遭殺害，只有小他一歲的妹妹禰豆子還留有一絲氣息，沒想到禰豆子卻因爲鬼的血進入體內，也跟著變成鬼。

想方設法要拯救妹妹的炭治郎，遇見了獵鬼組織「鬼殺隊」的隊員富岡義勇，爲了尋找讓禰豆子變回人類的方法，炭治郎決定與鬼對抗。炭治郎拜入負責培養鬼殺隊劍士的「培育者」鱗瀧左近次門下，接受嚴格鍛鍊，通過九死一生的嚴苛考驗後，獲准加入鬼殺隊。

炭治郎得知，活了千年以上的鬼王——鬼舞辻無慘或許知道讓禰豆子變回人類的方法。爲了找到他，炭治郎和同時期入隊的夥伴，以及身爲鬼殺隊精銳部隊的劍士「柱」（共有九人）互相砥礪、齊心協力，與鬼王手下的諸鬼展開壯烈的戰鬥。

炭治郎最後能夠打倒鬼舞辻無慘嗎？

禰豆子能夠成功變回人類嗎？

這就是《鬼滅之刃》的故事大綱。

這個故事最精采的部分，在於透過與不同的人們相遇和一次次的艱苦戰鬥，讓炭治郎從中獲得成長，逐漸成爲更強韌的人。

雖然眼前的阻礙越來越難以突破，戰鬥也越來越艱困，但不論遇到什麼狀況，炭治郎總是堂堂正正地迎擊，貫徹其永不放棄的姿態，直到最後一刻。這讓讀者們忍不住想爲他打氣。

炭治郎所面對的現實，充滿各種不合理。

如果他擁有的是和普通人差不多的心志強度，那麼中途灰心喪志並不足為奇。因為《鬼滅之刃》的故事，就是從「竈門家雖然貧窮，但過著幸福生活；不料鬼為了一己之私，導致竈門家慘遭殺害」開始。別說是一無所有、從零開始了，炭治郎的起點根本就是負值。即便如此，他依然持續前進。

我們可以從炭治郎百折不撓的言行舉止中，獲得許多解決問題、改善狀況的提示。

日常生活中，各位或多或少都曾遇過不合理的狀況。

比如：

・明明依照指示做，卻還是挨罵。

・明明沒有任何疏失，卻因為「不夠親切」遭客人怒吼。

・非常珍惜的物品被朋友弄壞。
・不守時的其實是別人，自己卻莫名遭到指責。
・不是都約好了嗎？爲什麼沒事先連絡就被放鴿子？

這種時候，生氣、焦慮、情緒激動……都是人之常情；當家人或夥伴被鬼傷害時，炭治郎一樣非常憤怒。

但他卻能憑著不屈不撓的精神，將憤怒化爲動力，轉換成正向思考。**他絕不怪罪別人、不敷衍了事、不自暴自棄，也不放棄希望。爲了讓自己變強，他一定會想辦法找到突破口，將不合理的現實化爲前進的原動力。**

此外，就算因自己能力不足而導致失敗或遭遇危險，炭治郎也不會氣餒喪志，而是持續要求自己聚焦在「我哪裡沒做好？」「該怎麼做才會順利？」等方面，這也是他能變強的原因。

「就算失去，你還是得繼續活下去；不論遭受什麼打擊。」

（第二集第十三話〈你啊……〉）

這是炭治郎對一位名爲和巳的青年所說的話。和巳得知未婚妻被鬼吃掉後，大受打擊，整個人變得茫然無措。

儘管擔心對方，炭治郎卻仍坦白告訴和巳，不能停在原地、必須繼續前進的重要性，簡直就像說給自己聽似的。

炭治郎接受了「眼前的自己無法改變不合理的現實」一事，試圖保持希望並跨出下一步，而這句臺詞正可說是他強韌的象徵。

喚醒現代人幾乎遺忘的強韌與美德

我的專業是心理學，除了在大學教書，同時也擔任諮商師與講師，在國高中、大學、地方自治團體和民間企業，開設許多有關職涯設計與團隊塑造的講座。

上課時，我會拿漫畫角色與情節來舉例；將《鬼滅之刃》當做題材的情況也不在少數。

炭治郎與周遭人們的生活方式、思考邏輯、互動關係，屢屢提示我們許多人生在世的重要心態，以及建立良好人際關係的必要條件。

我過去發給學生的問卷裡曾有一道題目：「帶給你重大影響的漫畫是哪一部？爲什麼？」並曾收到這樣的回答：

學生A：

【答案】《鬼滅之刃》

【原因】像炭治郎這樣珍惜家人與朋友雖是理所當然的事，但我覺得自然而然就能做到的炭治郎很厲害。

學生B：

【答案】《鬼滅之刃》

【原因】這部作品告訴我，那些平常覺得理所當然的事，其實都是必須付出努力做到的事。

以炭治郎爲中心，《鬼滅之刃》登場人物們所表現出來的言行舉止中，有許多都是理論上應該做到，卻幾乎被我們所遺忘的。

許多人說，由於《鬼滅之刃》的時間設定是大正時代，所以才會讓人覺得它體現出許多（當時還保留著的）傳統美德。

爲了達成目標，必須累積努力。

人類絕對無法完全靠一己之力活下去的現實。

認同、尊敬、珍惜他人，是非常重要的態度。

《鬼滅之刃》向我們呈現儘管覺得理所當然、平常卻難以意識到的「人生眞理」，以及人類原來可以這麼強韌。

藉由本書，我希望能成爲導讀者，解讀《鬼滅之刃》中蘊含的訊息，並傳遞給大家。

本書除了介紹炭治郎、禰豆子、善逸、伊之助、鬼殺隊九柱等角色令人印象深刻的臺詞與場景，也將鬼舞辻無慘與其他鬼的言行列爲不該仿效的負面教材，以此進行說明。透過正邪兩方面的對照，更能讓我們看清炭治郎的堅強。

・渾渾噩噩地活著，沒有明確的目標。

- **經常在挑戰前就放棄。**
- **不喜歡腳踏實地付出努力。**
- **很容易出現負面思考。**
- **不擅長與他人溝通。**
- **習慣以自我爲中心，覺得自己最重要。**
- **遇到挫折時，第一個念頭是「我沒有錯」。**
- **爲了不被別人討厭，總是看人臉色、隱藏自己的眞實想法。**
- **覺得自己很不幸。**

上述特質中，是否有哪一項與你的情況相符？或是你強烈希望自己「絕對不要變成這種人」？若是這樣的話，請務必讀完本書。

炭治郎與他的夥伴，一定能幫助你變得比現在更強大，並帶來充滿希望與成就感的人生。

如果能幫助大家變得更強韌，無論面對什麼困難，都能以自己的雙手開拓未來、跨出實現夢想的那一步，將是我最感欣慰之處。

《鬼滅之刃》人物關係圖

鬼殺隊

●當主

（鬼殺隊最高負責人）
產屋敷耀哉（主公）

⊙柱（鬼殺隊最高階的劍士）

富岡義勇（水柱）
宇髓天元（音柱）
悲鳴嶼行冥（岩柱）
煉獄杏壽郎（炎柱）
甘露寺蜜璃（戀柱）
不死川實彌（風柱）
蝴蝶忍（蟲柱）
時透無一郎（霞柱）
伊黑小芭內（蛇柱）

隱

負責戰鬥的事後處理與支援。

◎隊士（主要戰力）

竈門炭治郎
我妻善逸
嘴平伊之助
不死川玄彌

◎繼子

（柱的直屬弟子）
栗花落加奈央

其他相關職務

○培育者
過去曾任上級隊士，負責將劍士的基礎傳授給想入隊的人

刀匠
負責鍛造獵鬼武器「日輪刀」的工匠

×

鬼

▼鬼的始祖

鬼舞辻無慘

▽十二鬼月（鬼舞辻直屬的部下）

上弦之鬼
力量強大，連柱也能打倒的鬼。依能力排序，雙眼分別刻著「上弦」和壹～陸的數字

下弦之鬼
只有柱能打倒的鬼。依能力排序，在其中一眼刻著「下壹」～「下陸」的數字

異能之鬼

能操縱血鬼術的鬼

下級之鬼

不具備異能的鬼

《鬼滅之刃》主要登場人物

◎〔隊士〕竈門炭治郎

《鬼滅之刃》的主角，嗅覺非常靈敏。家人遭鬼襲擊，唯一生還的妹妹卻變成了鬼。爲了尋找讓妹妹變回人類的方法，決定加入鬼殺隊。原本是一名重視家人、體貼而溫柔的賣炭少年，藉由嚴格鍛鍊與不斷戰鬥獲得成長，最後成爲擁有強韌身心的劍士。

◎〔鬼〕竈門禰豆子

炭治郎的妹妹。遇襲時，由於鬼舞辻的血進入體內而變成鬼，但她與其他的鬼不同，不但不會攻擊人類，還與炭治郎一起爲了保護人類而與鬼戰鬥。此外，她也是唯一不怕陽光的鬼。

◎〔隊士〕我妻善逸

和炭治郎同時通過最終選拔的劍士，擁有驚人的聽力。平常是個膽小鬼，不過一旦因恐懼而陷入沉睡後就會覺醒。腳力強大，連上弦之鬼也能壓制。

◎〔隊士〕嘴平伊之助

和炭治郎同時通過最終選拔的劍士，擁有非比尋常的敏銳觸覺，屬於勇往直前的類型，敢於挑戰任何人。總是戴著山豬面具、拿著兩把刀戰鬥。

○〔培育者〕鱗瀧左近次

培育者負責鍛鍊希望加入鬼殺隊的人，幫助他們學會劍士所必須具備的基礎。炭治郎的培育者正是鱗瀧，他深知半吊子的鍛鍊無法斬鬼，所以讓炭治郎經歷十分嚴格的修行。炭治郎的最後一項試煉是劈開比自己還要大的岩石。

⊙〔柱〕富岡義勇（水柱）

鬼殺隊中第一個遇到炭治郎的人。炭治郎的劍士之路，就從義勇放過他與禰豆子，並將他託付給鱗瀧開始。此外，義勇並未斬殺變成鬼的禰豆子一事，嚴重違反了鬼殺隊的規定。

◎〔繼子〕栗花落加奈央

蟲柱．蝴蝶忍的繼子，和炭治郎同時通過最終選拔的劍士，擁有超越其他人的身體能力與觀察力。加奈央曾是個失去個人意志的人，卻因爲炭治郎而大幅改變。

◎〔隊士〕不死川玄彌

和炭治郎同時通過最終選拔的劍士，也是風柱．不死川實彌的弟弟。玄彌原本強烈視炭治郎等人爲對手，後來因爲與炭治郎並肩作戰而敞開心房。

⊙〔柱〕煉獄杏壽郎（炎柱）

在與上弦之參的戰鬥中，杏壽郎讓炭治郎等人親眼見證什麼是「鬼殺隊的驕傲」後，光榮犧牲。遺言是：「我相信。相信你們，讓心燃燒吧！」這份意念後來藉由弟弟之手，連同自己的日輪刀刀鍔一起託付給炭治郎。

⊙〔柱〕蝴蝶忍（蟲柱）

鬼殺隊九柱中，唯一不靠砍斷鬼的脖子，而是用毒打倒敵人者。第一次見到禰豆子時，她和義勇一樣企圖予以獵殺，但在審判後便轉為支持竈門兄妹。她將自己繼承自亡姊的夢想託付給炭治郎。

⊙〔柱〕甘露寺蜜璃（戀柱）

與外表相反，蜜璃擁有非比尋常的肌力。她和其他柱不同，一開始就對炭治郎與禰豆子很親切，並在炭治郎等人與上弦之鬼對峙時，協助他們斬斷鬼的脖子。

⊙〔柱〕時透無一郎（霞柱）

僅僅訓練兩個月就成爲柱的天才劍士。在成爲劍士前曾遭鬼襲擊，使得記憶力出現問題。炭治郎成爲他恢復記憶的幫手。

●〔當主〕產屋敷耀哉（主公）

鬼殺隊第九十七代當主。耀哉雖然不具備劍士的優異能力，卻以滿滿的慈悲心帶領鬼殺隊。他以自己來日無多的生命做爲交換，幫助炭治郎和其他劍士進入與鬼舞辻的最終決戰。

▼〔鬼的始祖〕鬼舞辻無慘

據說鬼舞辻在一千多年前成爲第一隻鬼，而所有的鬼都會分配到他的血。爲了獲得更多鬼舞辻的血，衆鬼因此盡可能吃更多的人，好得到鬼舞辻的青睞。鬼舞辻以力量支配組織，目的是爲了讓自己成爲不怕陽光的鬼。

▽〔十二鬼月〕上弦之鬼

鬼舞辻直屬部下「十二鬼月」中地位較高的六名成員。擁有強大的實力，即使是鬼殺隊九柱，也無法輕易打倒，成員已有近百年不曾更替。

▽〔十二鬼月〕下弦之鬼

「十二鬼月」中地位較低的六名成員。其中下弦之伍（累）被炭治郎與義勇擊敗後，其他五名下弦遭到鬼舞辻肅清，當時逃過一劫的下弦之壹（魘夢），後來也被炭治郎等人消滅。

目次 CONTENTS

前言 眞正的強韌，不在於力量
《鬼滅之刃》所謂的「強大」 005
之所以強大的理由 008
喚醒現代人幾乎遺忘的強韌與美德 014
《鬼滅之刃》人物關係圖 019
《鬼滅之刃》主要登場人物 020

第1章

想打造強韌的自我，只要記住一件事

——「累積」讓賣炭少年開始改變

那一刻的覺悟，改變了炭治郎　034
累積，讓身心不斷強化　039
炭治郎看見的「空隙之線」是什麼？　044
成功經驗與自我效能　048
每過一關，都會出現能讓你更強的新課題　053
透過累積，創造獨一無二的「型」　058
要達成目標，沒有捷徑可走　064
羈絆因累積更深厚　068

第2章

如何擁有不易受挫的心？

——炭治郎爲什麼永不放棄？

脆弱的覺悟不會帶來任何收穫 076
「爲了某人」讓你更強大 081
自我鼓舞，讓內心火焰不滅 084
託付和傳承能帶來使命感 088
有了使命感，迷惘與焦慮都會消失 092
身處困境時，聆聽幫助自己的聲音 095

第3章 強者都在執行的習慣

——炭治郎變強的理由

以開放的態度面對眼前的問題 100
別人的教導不是理所當然 106
培養自己思考的習慣 111
思考步驟一：分析現狀 114
思考步驟二：掌握自己的經驗和擁有的武器 116
思考步驟三：發揮打破僵局的創意 120
將自己鍛鍊到極致 123
五分鐘的親身體驗，遠勝五年的紙上談兵 127
坦率承認別人的長處 131
團結力量大 136

「不想輸給你」帶來行動力　141

第4章　堅強，才能吸引夥伴
——溫柔，是眞正力量的展現

就算面對鬼，你是否仍能保持溫柔？　150
你能發自內心聲援他人嗎？　153
直接傳達自己的心情　158
用言語表達感謝　162
眞誠的態度不會樹敵　166
絕不能忘記謙虛　171
拋開私欲　175

第5章 了解鬼，了解人類的弱點

——鬼是人類的反面教材

利己主義的集合體 180

欠缺溫柔的記憶 184

爲了自保，可以若無其事地說謊 187

透過恐懼、憎恨與厭惡建立關係 190

只在意結果，拋棄弱者 192

嫉妒與憎恨讓人變成鬼 196

結語 讀一部人生的教科書 201

第1章

／

想打造強韌的自我，只要記住一件事

──「累積」讓賣炭少年開始改變

那一刻的覺悟，改變了炭治郎

教我們如何打造強韌內在的中心人物，正是《鬼滅之刃》的主角竈門炭治郎。

直到某天之前，炭治郎都還只是名普通的少年。他受到母親信任、被弟妹依賴；要是到山腳下的小鎮賣炭，鎮民們也都會親切地跟他打招呼，總而言之就是個體貼家人的溫柔孩子。然而這樣的他，卻以某天爲分界點，立志成爲劍士，企圖獲得足以將鬼斬首的技巧與心志。

從一個未曾揮舞過刀劍的賣炭兒，成爲一個不但需要技術，也需要堅強內在的劍士，炭治郎的成長過程。正好能告訴我們如何打造強韌的自我。

炭治郎並非從小就接受成爲劍士的菁英教育，成爲劍士的這條路也並非一帆風順。正因爲如此，他的成長過程才有許多地方值得我們學習。

不管再怎麼努力、行動再怎麼有效率，也不代表一切就能盡如人意。有失敗的時候，也有努力卻完全得不到回報的時候；也有因爲目標太過遠大，導致進行到一半就開始抱怨、甚至放棄的時候。

不斷碰壁的時候，該如何跨越障礙才好呢？

此時做出的判斷，很可能會大幅改變我們的人生。爲了打破自己的「殼」，有時也必須冒險踏入未知的領域。

該怎麼做，才能克服這些困難，讓自己變得更強韌呢？

炭治郎之所以能持續前進，是因爲某種堅定的信念支持著他，讓他儘管面對逆境，也不至於灰心喪志。

在《鬼滅之刃》中，炭治郎的目的只有一個，那就是守護變成鬼的妹妹禰豆子，並想辦法讓她變回人類。這一點打從故事開始，就不曾改變過。

家人遭鬼襲擊，只剩下禰豆子一息尚存，爲了帶妹妹去看醫生，炭治郎背起妹妹飛奔下山。半路上，逐漸變成鬼的禰豆子竟出手攻擊炭治郎。

即使如此，炭治郎仍對自己說「禰豆子是人」而沒有反擊。看到炭治郎的模樣，禰豆子眼中落下斗大的淚水。

就在這個時候，鬼殺隊的富岡義勇出現了，準備斬殺禰豆子——獵鬼就是他們的任務。

炭治郎拚了命爲妹妹辯護，但義勇充耳不聞。他拒絕炭治郎的求情，因爲一旦變成了鬼，就再也無法變回人類，所以一定得殺掉禰豆子。

自覺贏不了義勇的炭治郎於是下跪磕頭，拚命懇求義勇手下留情，放禰豆子一馬。

但義勇看到這樣的炭治郎，反而嚴厲地對他破口大罵：

「不要讓別人掌握你的生殺大權！」
「在掠奪或被掠奪的時候，無法掌握主導權的弱者還說要治好妹妹？還說要找到仇人？可笑至極！」
（第一集第一話〈殘酷〉）

如果炭治郎就此退縮或放棄，禰豆子說不定真的會被殺掉。

但是他聽了這段訓斥後，突然省悟過來，轉而正面攻擊。由於彼此的力量差距顯然非常懸殊，炭治郎三兩下就被打得差點氣絕，但他仍朝義勇丟出斧頭，企圖一命拉一命，把對手一起帶上黃泉。

一邊是不惜賭上自己的性命，也要守護妹妹的哥哥；一邊是看到哥哥倒在地上，於是盡全力保護他的妹妹。義勇發現這兩人所展現出來的姿態，與以前看過的人鬼關係存在著某種差異，於是他決定放禰豆子一條生路，並將傳授自己劍術的師父——鱗瀧左近次介紹給炭治郎。

這件事讓炭治郎領悟到，現在的自己不可能保護妹妹，也爲了向鬼問出變回人類的方法，下定決心成爲斬鬼之人。

賣炭少年立志成爲斬鬼劍士。

只要知道自己與義勇的實力差距，炭治郎必然會發現這個目標根本高得離譜。但人類是種**只要對目標的執著夠強烈，就能勇往直前的生物；而這份執著，也能提高達成目標的可能性**。

這份執著也稱爲「成就動機」。是創造強韌意志的原動力，能讓人不畏懼失敗，持續朝著目標挑戰。

就算不斷撞牆，也必須一再挑戰，永不放棄。
如果覺得現在這樣不行，就思考新的方法和可能性。

想要實現遠大的目的與夢想，絕對不能缺少這樣的態度。

累積，讓身心不斷強化

即使有達成目標的強烈意念，並做好了覺悟，也不可能一下子就抵達終點。
目標越是遠大，通向它的路途就越是險峻漫長。
決心加入鬼殺隊的炭治郎也一樣，前方當然有嚴苛的考驗等著他。

雖然是義勇介紹的，但鱗瀧並沒有立刻答應收炭治郎爲弟子。爲了測試炭治郎的身心是否都具備成爲劍士的資質，於是將炭治郎帶往到處都是陷阱的山上，要求炭治郎在天亮之前下山。

炭治郎不斷被突然從上下左右飛來的巨石與樹幹砸中，又屢次掉進洞裡；才剛剛爬起來，又立刻摔倒，搞得全身都是傷。好不容易通過考驗，讓鱗瀧接受他成爲弟子，但地獄般嚴酷的鍛鍊才正要開始。

炭治郎日復一日進入山中進行訓練，也一次又一次落入陷阱。陷阱的難度與日俱增，石頭與樹幹更換成了銳利的刀劍。

揮刀揮到手差點廢掉，在與鱗瀧一對一的練習當中被摔倒、扔飛，老師還威脅他「要是刀子折斷，就打斷你的骨頭」。

恐懼和疼痛不斷累積在炭治郎心中，甚至好幾次都覺得自己可能會死掉，但他每每在就要灰心喪志的關頭想起禰豆子，才能熬過嚴格的修行。

最後一項課題，是要劈開比自己身體還大的岩石。成功後，鱗瀧終於允許炭治郎參加稱爲「最終選拔」的鬼殺隊入隊考試。

最終選拔的合格條件，是在有鬼的山裡撐過七天，並順利生還。炭治郎與其他想進入鬼殺隊的候選者們，突然被迫賭上性命與鬼戰鬥。而且最終選拔才剛開始，兩隻鬼便突然襲擊炭治郎。雖然他一時感到慌張，但還是能冷靜地與鬼對峙，並使出鱗瀧傳授的劍術迎戰。最後乾淨俐落斬斷兩隻鬼的脖子。

這瞬間，炭治郎眼眶泛淚，在心裡對自己說：

「成功了！我打敗鬼了！真的變強了……鍛鍊沒有白費，我確實學會了。」

（第一集第六話〈成堆的手〉）

只要忍受痛苦、不斷忍耐，並持續鍛鍊，就能確實成長。

身心同時接受磨練，不但能提升技術，精神力也能獲得強化。

如此一來，原本做不到的事情，就會在不知不覺中變成做得到的事。

努力的過程中，我們往往難以察覺自己的成長，卻經常會因爲某個契機而眞切感受到這一點。炭治郎在打倒兩隻鬼那瞬間所體會到的，就是這種感覺。

在累積努力後所獲得的成功體驗，能夠提升「我做得到」的自我效能（self-efficacy）。

第一次握球棒的人，不可能一上場就擊出全壘打。

第一次接觸鋼琴的人，不可能立刻就彈出莫札特的曲子。

第一次拿畫筆的人，不可能突然就畫出媲美畢卡索的作品。

所有被譽爲一流的人，剛開始都是外行人。

不管是多喜歡的事，在達到一流的水準前，不可能全都是愉快的體驗。總是會遇到想放棄和逃跑的時候。

即使如此，人們依然忍受痛苦、持續忍耐，不斷磨練自己的技術。另一方面，持續投入一件事情的過程，也能同時培養出強韌的身心。

就這樣，原本做不到的事情，逐漸做得到了。

前面所引用那段炭治郎的話，也如實地表現出累積對達成目標的重要性。

不論工作、社團活動或個人嗜好，大家應該都有埋頭苦幹的經驗，或是對某件事喜歡到不可自拔的程度。當然，想必是因爲喜歡，才能夠持續下去，但說不定也有些人會因爲無法更上一層樓而煩惱；或是雖然喜歡，但還是想逃避痛苦的部分。

請各位不要忘記，這樣的**困難與忍耐確實能帶來成長。即使自己沒有感覺，但藉由反覆的鍛鍊，身心依然能在不知不覺中變得強大。**

炭治郎看見的「空隙之線」是什麼？

累積不只能讓人獲得精鍊的技術與強韌的心志，還能因爲擁有這樣的經驗，而培養出「特別的感覺」。

舉例來說，生活在南美洲亞馬遜叢林的原住民，就擁有我們的常識所無法理解、超乎常人的直覺。

即使在萬籟俱寂的叢林中，他們只要閉上眼睛、豎起耳朵，就能正確說中獵物所在的方位，也能根據河水的狀態或吹過來的風，預言降雨的時機……

這些直覺不是一朝一夕就能學得會的能力，必須透過經驗的累積才能習得，也是只有這些人才懂的特殊感受。

面對鱗瀧所給的最後一項考驗，當炭治郎終於劈開那塊大岩石時，他在心裡分析自己成功的主要原因：

「之所以能贏，是因爲我能分辨出『空隙之線』的味道。」

（第一集第六話〈成堆的手〉）

「空隙之線」是炭治郎特有的形容方式，意思是對方的要害或弱點，指的是當他看見那條無形之線時的獨特感受。炭治郎加入鬼殺隊、與各種鬼戰鬥時，「我看見了空隙之線」的心聲，也數度在《鬼滅之刃》中出現。

這條空隙之線，是累積經驗後才能得到的直覺。

換句話說，這是專屬於炭治郎的直覺。

在心理學有關智力的討論中，其中一種理論把人類的智慧分爲「晶體智力」（crystallized inteiligence）與「流質智力」（fluid intelligence）兩種，像空隙之線這樣的直覺，應該可算是晶體智力。

雖然無法說明，但能給出答案。

這是在經驗的累積中誕生的智慧。

用俗話來說，就是所謂「阿嬤的智慧」。

換言之，應用過去所累積的知識來解決問題，就是晶體智力，而它也強烈受到學校教育、各種經驗與文化的影響。

據說這種智力能隨著年齡增加，而且不管到了幾歲都能維持。

至於流質智力，則是迅速適應新環境與場合的智能，包含資訊處理、計算、背誦等能力。相較於晶體智力，流質智力會隨著年齡衰退，所以越年輕的人表現越優異。

《鬼滅之刃》裡的竈門炭治郎是個年僅十五歲的年輕人，卻能透過嚴格的鍛鍊，提升看見「空隙之線」這項晶體智力；而這項能力也成為重要的武器，幫助他接二連三擊敗力量強大的鬼。

炭治郎最主要目的是讓禰豆子變回人類，為了找到鬼舞辻這個最終大魔王，必須解決（打倒）遭遇到的各種問題（鬼）。

正如字面上的意思，空隙之線，就是解決問題的破口。這是他在遇到義勇與鱗瀧前，未曾具備的直覺。

從關於這條線的一連串情節中得到的教訓是：**忍耐、承受和努力不會只是白費力氣。只有克服障礙的人，才能理解什麼是「特別的直覺」，並培養出解決問題的能力。**

晶體智力必須透過大量的學習與經驗累積才能獲得；而越是提升，就越能減少失敗，讓事情順利運作。這項能力，也將成為打造強韌自我的重要武器。

成功經驗與自我效能

前面曾經提到「自我效能」這個詞語。這是個心理學名詞，用來衡量個體對完成任務和達成目標之能力的信念程度或強度；簡單來說，就是相信自己是有能力的。在《鬼滅之刃》中，有許多登場人物透過累積成功經驗、提升自我效能的情節。

提升自我效能，就能獲得達成目標的喜悅與滿足感，並爲選擇接下來要採取的行動與付出的努力，帶來良好影響；還能因爲加乘效應進一步提升自己的能力。

當然，達成的目標越大，自我效能的提升幅度也越大，但即使是微不足道的成功經驗，一樣非常重要。此外，來自父母、老師或上司的認可與讚賞，也有助於提升自我效能。

以炭治郎爲例，他在鱗瀧指導下反覆進行了許多苦不堪言的修行，最後得到已成亡靈的前弟子——錆兔與眞菰的幫助，劈開了自己原本以爲絕對劈不開的石頭，這可說是他第一次的重大成功經驗。我認爲，這次經驗大大提升了炭治郎的自我效能。

師父鱗瀧的話，讓這種感受更加放大。

當時炭治郎茫然站在劈成兩半的岩石旁，爲自己竟然能辦到而驚訝。鱗瀧拍拍炭治郎的頭，稱讚他：

「你表現得很好。眞是個了不起的孩子……」

（第一集第六話〈成堆的手〉）

光是把自己代入炭治郎的角色、想像這幅場景，就令人忍不住熱淚盈眶。尤其一想到鱗瀧其實不希望讓炭治郎參加最終選拔的心情（因爲曾有弟子在過程中喪命），更是讓人鼻酸。

嚴格到不能再嚴格的師父，再怎麼努力反擊也打不過的師父，竟然對自己說出這麼溫柔的話，炭治郎的心情想必既是安穩，又是歡喜，（就好的意義上）全部攪成了一團。

「我辦得到」的自信。

獲得信賴和尊敬的人稱讚所帶來的喜悅。

炭治郎的自我效能在這個瞬間大幅提升，或許這就是他蛻變成劍士的轉捩點。

在這之後，他陸續累積許多成功經驗，無論身爲人或是劍士，都變得越來越強韌。

對成功有所自覺，也是提升自我效能的重點。

因爲即使完成了某件事，如果沒有「我做到了」的自覺，自我效能也不會因此提高。

我們可以用「交作業」來說明有關持續累積微小成就的重要性。學校老師出作業、規定繳交期限，學生在期限前交出作業。很正常，很理所當然，有什麼好討論的嗎？

重要的其實是交作業時的「意識」。

A同學：因爲是作業，所以必須完成，也必須在期限前繳交。

B同學：這次也在期限前交出去了。自己成功地持續遵守規定。

假設這兩人學力相同，作業的分量、種類與難度也完全相同，這表示剛開始學習的時候，他們之間並沒有什麼差別。

然而過了一段時間，兩人的學力開始出現差距。

你覺得誰的學力提升了呢？

答案是B。因爲B每完成一項作業，就會產生「我做到了」「我能做到」的成功自覺，使他的自我效能比缺乏類似意識的A更高，也對學習成果帶來良好的影響。

如果有機會獲得老師與父母的稱許，B的學力想必更能進一步提升吧？

當炭治郎打敗鬼或得到別人認可的時候，都有「我做到了」「我能做到」的自覺，用來說明自我效能的概念再適合不過了。

不管完成的是多微不足道的事，請不要覺得「自然而然就完成了」「做得到是理所當然的」，應該像炭治郎一樣，強烈意識到「我成功了」「我做得到」「能做到很棒」。

只要能做到這一點，成長幅度一定會遠高於缺乏相關自覺的人。

每過一關，都會出現能讓你更強的新課題

雖然累積努力就能讓人變得越來越強，但目標越遠遠大，越無法輕易達成。炭治郎也一樣，不可能這麼簡單就找到最終目標鬼舞辻無慘。因爲在尋找鬼王的路上，每當他稍微變強了一點，眼前就會出現更大的阻礙。

剛開始打倒的算是雜魚，下一關就出現巨大的異形鬼，再接著是能使用「血鬼術」這種特殊術式的異能之鬼，還有直接分得鬼舞辻之血的上級之鬼。炭治郎必須克服的障礙變得越來越困難。

很明顯的，想要找到鬼舞辻無慘，炭治郎還有一條很長的路要走。打倒上級之鬼後，接下來阻擋他前進的，就是由十二名精銳組成、直屬鬼舞辻無慘麾下的戰鬥部隊，稱爲「十二鬼月」。

十二鬼月由相當於一軍的六名上弦之鬼，與相當於二軍的六名下弦之鬼構成，上下弦還各自分成六個等級。

首先出現的，是戰鬥力相當高的前十二鬼月，接著是下弦之鬼，再來是上弦之鬼。等級不斷提升的鬼就像這樣，接二連三地找上門來，彷彿拚了命想阻礙炭治郎繼續成長似的。

明明只要把頭砍下來，就能殺死鬼，但後來竟然出現光是砍斷脖子也殺不死的鬼。簡直就像角色扮演遊戲，隨著等級提升、進入新的區域，要打倒敵人就變得更加困難。

即使如此，炭治郎與同伴仍然繼續前進，即使戰鬥變得越來越艱困，即使要發現足以打敗敵人的破口越來越難，也絕不放棄。他們在承認對手越來越強的同時，也爲了突破居於劣勢的情況而自我激勵。

炭治郎在與半天狗——由鬼舞辻無慘賜予「上弦之肆」頭銜（上弦之鬼中排名第四強）的鬼——戰鬥時，儘管一次又一次被他逼得走投無路，卻始終無法一擊斃命。這時，炭治郎如此告訴自己：

「雖然覺得自己變強了，但鬼比我更強；雖然身體因爲受了傷而變得殘破不堪，但每次總有人會來救我，生命才得以維繫……我必須有所回應！」

（第十三集第一一三話〈赫刀〉）

如果不把眼前無法逃避的現實，當成幫助自己變強的新課題，就會在原地停滯不前。炭治郎正是因爲知道這一點，才會勇於挑戰。

這樣的發展其實與我們的生命階段非常相似。

在國小、國中這個階段，與他人之間雖然難免會有競爭（戰鬥），但大致上所過的仍可算是很平穩的日子。套用在炭治郎身上，他與家人生活時，應該就是這種感覺吧。

但從準備高中考試（拜入鱗瀧門下修行）開始，人生一下子變得忙碌起來。升上高中後（通過最終選拔），功課的難度一下子提升不少（迎戰的鬼變強）；好不容易修完了大學所需要的學分（面對更強的鬼），轉眼間就到了必須思考個人未來（如何對付十二鬼月）的時候。

無論升學或就業，只要進入下一個階段，眼前就會出現新的課題。

如果要念研究所，就必須準備入學考試；爲了畢業，還得寫出學位論文。

如果進入職場，除了常常得在工作之餘參加相關研習或課程，還會視需要準備資格考或升等考試；變成老鳥後，還有機會指導新人。

隨著人生階段層層遞進，需要往來的人也急遽增加，不再只有父母、老師和朋友，也需要獲得更好的溝通技巧。

爲了活下去、爲了打造強韌的內在，我們需要解決無數的關卡。當然，任何人都會失敗受挫，也會有意志消沉的時候。

重要的是**看待挫折的態度**。

根據心理治療中的理情行爲療法相關理論，煩惱與痛苦的程度，取決於人們如何看待使自己受挫的事件，而非事件本身。換句話說，到底是單純把危機當成危機，還是有辦法把危機看成轉機，將大幅改變人們接下來的行動。

人生當然有起有落。

我們不該對挫折過分耿耿於懷，只要能夠轉換心情或看待挫折的方式、採取積極的態度，就能腳踏實地往前進。
解決了一項課題，必定又會出現新的難關。
而且沒有任何一項是可以輕鬆過關的。
就算走三步退兩步，只要最後前進了一步，就能繼續往上爬。
這就是人生。**「遇到障礙時更需要正向思考」**的炭治郎哲學，是打造強韌的內在不可或缺的要素。

透過累積，創造獨一無二的「型」

《鬼滅之刃》的主角級人物，都是充分具備劍士資質的角色。與炭治郎同時加入鬼殺隊的隊員們如此，被稱爲「柱」的精銳部隊也是如此。他們不僅擁有體能、運動神經、判斷力、忍耐力等與生俱來的天賦，也兼具努力的才能。

剛開始與鬼戰鬥時，大家使出的都是從師父那裡學來的劍術與戰術（除了自成一派的嘴平伊之助，他是例外中的例外）；但也有不少人透過日復一日的修行與戰鬥經驗的累積，創造出自己的招式與風格。

雖然忠於基礎，卻能根據當下的情況做出變化。透過創意，將培養出來的能力提升到更高的層次。這是優秀的人才都在實踐的方法。

炭治郎第一次對抗十二鬼月時，陷入嚴重苦戰。他雖然勇敢挑戰下弦之伍・累，卻完全不是鬼的對手，所有根據鱗瀧傳授的呼吸法「水之呼吸」使出的型（招式）全都被反彈回來。

就在炭治郎與死神擦身而過時，腦中倏然回想起亡父跳著竈門家代代相傳的「火神神樂」的身影。最後，他運用父親所教導、火神神樂獨特的呼吸法，變化出新的招式，對累發動攻擊。原本看不見的空隙之線，這下子突然看得見了，情勢因此而逆轉。

鱗瀧當然沒教過炭治郎如何使用火神神樂的方式戰鬥。

這是炭治郎在幾乎無意識的情況下，自己發現的。

和炭治郎同時進入鬼殺隊的我妻善逸，也在成長的過程中開發出自己獨一無二的招式。

善逸是個很特殊的人物。平常怯懦怕事又愛哭，徹底是個膽小鬼。但當他因恐懼而陷入昏厥般的沉睡後，就會搖身一變，成爲超強劍士。習藝時，師父曾傳授他「雷之呼吸」，但在六種呼吸法裡，他唯一學得會的只有「壹之型」。

然而就在善逸與變成鬼的同門師兄獪岳上演殊死戰時，居然施展出就連同樣使用雷之呼吸的獪岳也不知道的全新招式「柒之型・火雷神」，成功斬斷獪岳的脖子。

獪岳以爲師父偏心，只將這個招式傳授給善逸；善逸卻在獪岳將死之際自言自語似地說著：

「這是我自己的型，是我想出來的，專屬於我的型！」
（第十七集第一四五話〈幸福的箱子〉）

我們不像炭治郎或善逸那樣，擁有特殊天分。

但只要徹底鑽研一項事物，就能發現專屬自己的招式。

掌握訣竅。

找出更有效率的方法。

想辦法讓自己容易實踐。

這麼一想，是不是就變得很好懂呢？

在許多日本傳統藝能——例如有「三道」之稱的茶道、花道、書道（或云「香道」），或是各派武術中，都有「守破離」的概念。

據說這種概念源自於茶道千家流始祖千利休的教誨，意思是「規矩做法須嚴守，雖有破有立，但不能忘本」。在不忘基礎的要求下，越是認真面對一項事物，就越能熟練，並從經驗累積的過程中，發展出自己獨一無二的樣貌。

讀書學習也一樣。

一開始，我們會從父母與學校老師身上學習念書、做筆記或解決問題的方法；但隨著升上新的年級，學習的範圍變廣、難度提升，就必須開始思考適合自己的方法。

尤其是準備考試的時候，如果只是坐在書桌前埋頭苦讀，專注力很快就會無以為繼，因此必須主動調整科目順序、留意讀書環境（自家、補習班的自習室或學校圖書館）與休息時間的安排等。

工作時也是如此，上司或前輩所傳授的工作方式雖是基礎，但如果沒有自己花心思改善和調整，要把工作做好，可能還是會覺得哪裡卡卡的；嚴重的話，上司甚至不敢把重責大任交付給你。

熟悉基礎後，總之先嘗試再說。萬一失敗了，只要仔細思考原因、改善後再嘗試就行了。專屬於自己的招式就能在這樣的反覆摸索中逐漸確立。

要達成目標，沒有捷徑可走

就像前面所說的，擁有遠大的目標、認眞鑽研每一件事、遇到阻礙也不要放棄、即使辛苦也不半途而廢，都是打造強韌內在不可或缺的重要因素。除此之外，我們還必須牢記：**任何事情都必須循序漸進，不可能一步登天**。好高騖遠、越級打怪，很可能讓自己嘗到嚴重的挫敗，甚至會因此放棄追求目標。

想要變強，沒有捷徑可走。

炭治郎除了重視不斷累積微小的成功，更是個拚命三郎，擁有強烈的上進心，所以偶爾會因此迷失自我；有時也會因爲總是把「讓禰豆子變回人類」的念頭放在最優先而失控暴衝。

在打倒下弦之伍後，炭治郎被帶回鬼殺隊總部。因爲他不但沒有殺掉變成鬼的禰豆子，還帶著她到處走，這種行爲被認爲違反隊規。

於是他在鬼殺隊九柱每半年召開一次的「柱合會議」上接受審判，而且還當場頂撞了企圖傷害禰豆子的風柱．不死川實彌——就算對方是實力遠高於自己的柱，炭治郎依然毫無顧忌。

就在這時候，擔任鬼殺隊當家的主公大人——產屋敷耀哉出現了。

主公大人已經從鱗瀧與義勇那裡得知事情的始末，也認可了禰豆子的存在，並試圖說服其他的柱。但一直以來，身爲柱的他們被灌輸的唯一準則，就是所有的鬼都是敵人；只要發現鬼，就必須殺無赦。因此無法輕易接受主公大人的說法，甚至反過來希望主公大人能重新考慮此事，所以頻頻挑釁禰豆子，企圖誘導她發動攻擊。咬牙忍耐的禰豆子，成功證明了自己雖然是鬼，但不會攻擊人類。儘管如此，有些柱還是覺得不滿。

看到這樣的狀況，主公大人告訴炭治郎與禰豆子，必須打倒十二鬼月，好證明自己能以鬼殺隊的身分戰鬥、爲鬼殺隊帶來貢獻。

這段話讓炭治郎的執著爆發出來：

「我跟禰豆子會打倒鬼舞辻無慘！我跟禰豆子一定會！」

（第六集第四七話〈生氣〉）

雖然主公大人只要求炭治郎打倒十二鬼月，但亢奮的炭治郎卻突然說出鬼殺隊最終目標之名。

這就像是高中棒球選手想在大聯盟一決勝負一樣。

炭治郎的宣示太過有勇無謀，立刻就被主公大人指正：

「現在的炭治郎應該沒辦法，先打敗一個十二鬼月吧。」

（第六集第四七話〈生氣〉）

炭治郎只能滿臉通紅地答應，九柱則拚了命忍住笑聲。

在這段故事裡，除了「不知天高地厚」外，眾人都認爲沒有更貼切的方式能形容炭治郎的態度。

設定遠大的目標固然是好事，**但除非擁有「現在的我還做不到」「目前的實力還不夠」的自覺（掌握現況），並從眼前的小目標開始一一達成，否則無法順利實現遠大的目標。**

腳踏實地才是最快的捷徑。

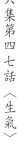

羈絆因累積更深厚

目前爲止，我們提到了透過累積各式各樣的經驗，可以鍛鍊變強所必須的技術力、精神力、判斷力與感受力。

能透過累積進一步提升與深化的不只這些，還有與他人的人際關係，也就是所謂的羈絆。

我個人認爲，能展現出人際關係深度與強度的「羈絆」一詞，有兩種不同的類別。

一種是發生在家庭內的，另一種則是出現在家庭以外的。

兩種羈絆都很重要，越是深厚，人生就能越豐盛，但深化和培養它們的方式卻大不相同。

「我的家人才不可能說那種話！別侮辱我的家人！」
（第七集第五九話〈侮辱〉）

這句話出現在炭治郎與下弦之壹．魘夢對戰時。

魘夢使用的是能隨心所欲讓敵人沉睡入夢的血鬼術，並讓炭治郎做了一個遭到家人怪罪、羞辱的惡夢，沒想到和魘夢的預料相反，炭治郎在憤怒至極的情況下吶喊出這句臺詞。

炭治郎本人就是家庭之愛的代名詞。而他對家人的愛與其生存之道，恰好濃縮在這句臺詞中。

讀過原著的人都知道，竈門家的感情非常好，是如畫般美好的理想家庭。

打從我們出生那一刻起，家庭的羈絆已然存在，不可能靠個人意志輕易斬斷。雖然我發現，家人無法彼此相愛、互相支持的家庭越來越多，但我們不得不承認，在人生的各種情境中，與家人的關係始終是難以擺脫的。

除此之外，還有一些人把家人的存在視爲理所當然，所以彼此視線相對時說不出「早安」、父母手足提供協助時說不出「謝謝」，連最基本的禮節都難以啓齒，總覺得要說這些話實在尷尬到不行。眞心希望大家可以再試著勇敢一點，打破現況。

就算沒辦法變得和竈門家一樣，但全家人的心一定能變得比現在更充滿愛、溫暖和幸福感。

至於與他人的羈絆，一開始並不存在。必須經過一次次交談、共度相同的時光、努力使關係深化，否則不可能無中生有。

「我照姊姊所說的那樣重視同伴，結果對方就來救我。我一個人做不到，不過有夥伴來幫我。」

（第十九集第一六三話〈滿溢的心〉）

與炭治郎同時加入鬼殺隊的女劍士——栗花落加奈央翻轉了壓倒性的劣勢，與嘴平伊之助合力死戰，終於打倒了上弦之貳．童磨。戰鬥結束後，她如此想起了蝴蝶加奈惠和忍這對姊妹。對加奈央而言，蝴蝶姊妹既是將她從人口販子手上救下的恩人，也是教她劍術的師父，她把姊妹倆視爲自己的姊姊般依戀。

尤其是忍，爲了打倒童磨不惜犧牲自己，藉此深刻地告訴加奈央賭上性命、合力奮戰的沉重，忍的存在也因此在加奈央的心中變得更加偉大。

《鬼滅之刃》告訴我們，與夥伴之間要是缺乏友誼與信任——換句話說就是缺乏羈絆，障礙就會變成無法克服的存在。

人類不可能獨自生活，一定會與家庭以外的人建立關係，學校和公司就是最好的例子。無論合不合得來、喜不喜歡，我們都需要與別人一起行動。

當然，我們不可能跟每個人都處得好，處不來的人說不定更多，所以才會發生霸凌、在背後放冷箭或造謠說壞話的情況。而且很遺憾的，這種事絕對不可能消失。

然而一直逃避討厭的事，就能獲得幸福嗎？

固然可以因爲人際關係不如意而轉學或辭職，但就算到了其他環境，也會遇到類似的問題，讓人們很難在一個地方待下來。這種狀況稱爲青鳥症候群。

我的意思並不是要大家勉強自己，即使是合不來或討厭的人，也要耐著性子打好關係。但忍耐的極限值或怒氣的爆發點，應該可以比現在再稍微提高一點。很多時候，只要做到這一點，就能有效改善人際關係，甚至發現對方原本沒看見的優點。

在心理學上，這種做法稱爲提高「挫折容忍力」（frustration tolerance）。除了家人以外，支持自己的人多一個是一個。因爲他們在你遭遇危機、陷入困境的時候，一定會來幫助你。

當然，想透過日積月累的努力加深人際關係時，同樣會遭遇失敗。

這時請先認清楚，不是所有人都跟自己合得來，但不要怕麻煩、不要恐懼，也不要害怕受傷，而是要積極地創造與對方的交集。這樣的累積，將會成爲改變自己與對方的契機。

第2章

如何擁有不易受挫的心？

——炭治郎爲什麼永不放棄？

脆弱的覺悟不會帶來任何收穫

第一章開頭提過，就算想達成的目標高得離譜，只要執著夠強烈，人就有辦法勇往直前。而炭治郎之所以能加入鬼殺隊，成爲接連滅鬼的劍士，正是因爲擁有想讓禰豆子變回人類的強烈執念。

但是在炭治郎尚未下定決心時，他的覺悟並沒有那麼強烈。富岡義勇很快就看穿這點，不但判斷出炭治郎的決心不足，並在心中如此分析他的下場：

「脆弱的決心無法讓你保護跟治好妹妹，也不能替家人報仇。」

（第一集第一話〈殘酷〉）

接著，彷彿故意挑釁炭治郎似的，義勇一刀刺向禰豆子的胸口。這項行爲成功點燃了炭治郎的怒火，將他的覺悟推向更高的層次。如果只靠炭治郎自己一個人，絕對不可能做到這一點吧？

即使如此，炭治郎還是只稍微變強了一點點。過了不久，立刻有人指出，這種程度的覺悟，不可能讓禰豆子變回人類。

沒錯，這個人就是鱗瀧。

炭治郎在義勇的介紹下拜訪鱗瀧，但兩人才剛見面，鱗瀧劈頭就問炭治郎，如果妹妹吃人的話，他要怎麼做？

無法立刻回答這個問題的炭治郎吃了鱗瀧一記耳光。因爲判斷太慢了。

鱗瀧接著指出他犯下的錯誤：

「爲什麼無法立刻回答剛才的問題呢？就是因爲你的決心不夠堅定。」

（第一集第三話〈天亮前一定會回來〉）

鱗瀧這句話說得很重。

就算炭治郎的決心還不到很堅定的程度，但他對自己想保護禰豆子的強烈執著，應該有絕對的自信。鱗瀧卻從根本否定這一點。

接著，鱗瀧將問題的答案告訴炭治郎。

「殺了妹妹。」

「然後自己也切腹自殺。」

該做的只有這兩件事。想要帶著變成鬼的妹妹行動，就得有這種程度的覺悟。炭治郎聽到鱗瀧的話，決心終於變得堅定。這是如果沒有義勇或鱗瀧，光靠炭治郎一個人絕對做不到的。

這個世界上，有執著非常強烈的人，也有從一開始就抱持著堅定決心的人。但是這些人都非常稀少。

絕大多數的人，意志都不夠堅定。

「我已經下定決心了。開始進行吧！」說著這種話的人，其覺悟更是像紙片一樣脆弱。一旦試著挑戰，就很容易因為超乎想像的辛苦而立刻放棄。

突然要求生活在和平與富足中的我們要有堅定的決心，或許過於嚴苛；另一方面，「覺悟」兩個字可能聽起來有點誇張，但換成「認知」也是一樣的。

以為自己早已瞭若指掌，事實上卻搞不清楚狀況。

以爲自己很了解自己，其實完全不了解。

或許你也有過這種經驗：當父母、長輩、學校老師、社團的學長姊、運動教練、公司前輩或上司……給你意見時，雖然覺得「眞囉嗦」「他們根本不懂」，然而眞的開始行動後，事情卻像他們說的一樣。

比自己年長的人經驗畢竟比自己豐富，也往往能看見被大家忽略的東西。

他們的意見當然不一定完全正確，但多半含有能幫助我們打造堅韌內在的提示。在覺得「囉嗦」前，請先不要全盤否定，總之先聽看看再說。

當我們試著傾聽別人的意見時，經常會發現自己的天眞，進而幫助我們下定決心而能有所成長。

正是因爲坦率聆聽義勇與鱗瀧的教誨，炭治郎心中的覺悟才得以更堅定。如果沒有這樣的認知，想必炭治郎無法得到足以與鬼戰鬥的強大力量。

「為了某人」讓你更強大

接下來請大家思考一個不人道的假設。

如果竈門家的所有人——包含禰豆子在內，全部被鬼殺害，炭治郎能變得這麼強嗎？

這的確是一個很不人道，而且絕不能成立的假設。因爲如果禰豆子一開始就死了，《鬼滅之刃》的故事根本無法前進。

我想在這種狀況下，炭治郎應該就不會成爲一個不斷成長的鬼殺隊劍士了。或許在某一段時期裡，他會熱衷於報仇，但只有自己被留下來的無力感將成爲他的阻礙，讓他根本無法找鬼舞辻無慘對決。

儘管變成了鬼，妹妹依然活著。

爲了妹妹，炭治郎一心想找到讓鬼變回人類的方法。

他也才能面對、克服無數的試煉。

當我們「爲了別人」達成目標時，滿足感會更高。因此，抱著不只爲了自己，也爲了別人的想法，能讓人類發揮更強大的力量。

事實上，據說美國正向心理學研究所進行的實驗，也得到同樣的結果。他們比較了自己選擇的娛樂活動（例如玩樂、看電影）與慈善活動（例如幫高齡者打掃等），結果發現，從事慈善活動帶來的滿足感比娛樂活動更長，也更持續。這表示，從長遠來看，讓別人快樂所得到的滿足感，比娛樂自己更高。

然而每個人都是自私的，難免習慣把自己擺在最重要的位置；畢竟沒有人可以把別人隨時放在心裡吧？

尤其在現代社會中更是如此。據說，居住的地區都市化程度越高，這種「自掃門前雪」的傾向越強烈。

但體貼的心人人都有，能因此爲別人發聲、展開行動。

在心理學上，這種考量別人需要、伸出援手的行動稱爲「助人行爲」（helping behavior）或「利社會行爲」（prosocial behavior）；而能做到這一點的人，其心志韌度比做不到的人更高。

我並不是要求大家隨時都要有「幫助別人」的想法，重點在於不能忘記自己其實有這個能力。**幫助班上的同學、團隊裡的夥伴、社會、家人……到頭來，這些行爲仍對自己有好處，能讓我們變得更強韌。**

自我鼓舞，讓內心火焰不滅

炭治郎與其他鬼殺隊成員會經常說一些自我鼓舞或互相約定的話；不一定是說出來，有時也會在心裡默念。

譬如「加油」「我可以的」「我做得到」「不要怕」「要冷靜」「不要放棄」「堅持下去」「不要輸」……

「加油！炭治郎！你要加油！之前我都做得很好！我是有能力的！今天也是！今後也是！骨折又如何！我不會退縮！」

（第三集第二四話〈前十二鬼月〉）

這是炭治郎在與前十二鬼月·響凱戰鬥時對自己的喊話。爲了對抗強大的敵人，他全力鼓舞自己。

會這麼做的不只有炭治郎，在九柱中占有一席之地的炎柱·煉獄杏壽郎也一樣。杏壽郎的父親也曾擔任柱，還是傳授自己劍術的老師。但有一天，父親卻突然失去熱情，即使杏壽郎向父親報告自己成爲柱的消息，父親也一點都不高興。

這時，杏壽郎堅毅地對弟弟千壽郎表明自己的意志：

「我的熱情不會被他那種態度澆熄，內心的火焰不會消失！我絕不會打退堂鼓！」

（第七集第五五話〈無限夢列車〉）

就像這樣，鬼殺隊的劍士們會透過自我鼓舞達到激勵心志的效果，讓自己變得越來越強。除了清醒時是個膽小鬼的善逸，其他人基本上都是正面積極的代名詞。他們想必透過實際體驗清楚地理解到，只要持續鼓勵自己，心中的火焰就不會熄滅。

大家聽過「言靈」這個詞彙嗎？日本自古以來就相信，言語中寄宿著不可思議的力量。「發自內心所說的話，最後將會實現」的思維，正是來自於這裡。

當然，就算把「想成爲職棒選手」「想成爲億萬富翁」「想跟偶像結婚」之類白日夢般的願望說出口，也不可能輕易實現。

儘管如此，**比起什麼都沒說、一開始就放棄的人，總之先說看看的人更有可能實現困難遠大的目標。就算機會微乎其微，還是希望大家能具備挑戰的態度。**因爲這種態度能幫助我們冷靜思考，想要實現目標時應該採取的行動。

此外，如果把目標與願望告訴周遭的人，更能讓我們產生責任感。

「自己都把大話說出口了，不可能不付出任何努力。」
「如果不多多少少更接近目標一點，只會讓自己顯得既難堪又可恥。」
這種情緒也將成為讓自己變強的原動力。

這種鼓勵自己的方法稱為「自我暗示」。當然，寫下來或是在心中默念一樣有效，但最好還是化為語言說出來。因為在說出來的當下，言語便不再只是存在於身體內部，也能經由耳朵從外側傳入，讓自己從內到外都清楚地聽見與認知。

另一方面，由於是自我暗示，所以最好能實際發出聲音，不要只放在心裡，這樣效果才會更好。不過請記得，這時候千萬別說消極的話；如果想成功，最好把正面積極的話說出口。

託付和傳承能帶來使命感

除了自我激勵，別人給予的鼓勵也很有效。

「這個就託付給你了。」

「這個就交給你了。」

「麻煩你了。」

一旦有人對自己這麼說，我們就會有種「不能馬虎以對」的想法，自然也無法敷衍了事，而會繃緊神經，拚了命去做。

接受別人的託付，就會產生「必須徹底完成」「必須傳承下去」的責任感與使命感。

鬼殺隊就是在這種使命感驅使下採取行動，並因之成長的象徵。《鬼滅之刃》中出現許多他們互相激勵、彼此讚美、道出對彼此的信任、互相砥礪向上的情節。

尤其是炭治郎，他既是接受鼓舞的一方，也是激勵別人的一方；一方面藉由接受別人的託付獲得成長，另一方面也透過託付他人，使別人成長。

我印象中最深刻的「託付」，是義勇爲了將炭治郎介紹給鱗瀧而寫的信。

「鱗瀧左近次大人，我讓一位想成爲殺鬼劍士的少年前去拜訪……說不定他能有所『突破』，甚至『繼承』你的衣缽，希望你能好好栽培他。這是我個人任性的請求，還請見諒。」

（第一集第三話〈天亮前一定會回來〉）

義勇的書信寫得非常愼重，可以看出他的決心非同小可。看到愛徒寄來這樣的信，鱗瀧也只能認眞回應。

鱗瀧對炭治郎可是絲毫沒有放水，或許正是因爲他覺得，如果自己態度馬虎，恐怕就會辜負義勇的心意吧？

當別人對自己有所期待時，那種想回應對方期待的心情，簡直就像人類的本能。

我們經常因爲某人的態度或一句話而啓動開關、產生動力。教育心理學中有個名詞叫做「比馬龍效應」（Pygmalion effect）。意思是，與不被期待的人相比，身負期許的人更容易獲得成果。在日常生活的許多場合中，都能看到此一效應的展現。

舉例來說，那些在學校老師眼中印象良好、覺得「有成長空間」的學生，因爲能感受到老師的期待，所以比起那些形象較差、覺得「很難繼續成長」的學生，更容易在成績上有所進步。這一點也已獲得研究證明。

或許有些人確實要挨罵才會進步，但就算有，也是少數，絕大多數的人都會因他人的稱許而有所成長。

爲了回應他人的期待而產生幹勁的現象，在任何人身上都能看見。

日本的電視臺有個超人氣綜藝節目《我家寶貝大冒險》，就充分展現出這一點。在這個節目中，製作團隊僞裝成商店店員或鄰居，透過隱藏式攝影機拍攝幼兒第一次幫媽媽跑腿、送東西給別人或買東西的樣子。

這些孩子奮鬥的身影，眞的讓人忍不住露出微笑。

即使在半路上嚎啕大哭、幾乎要放棄任務，依然拚了命完成跑腿的工作。因爲他們內心的使命感已經萌芽，驅使自己「完成媽媽拜託我的事」。

這個節目就是最好的例子，顯示即使是幼小的孩子，只要受到託付，依然會認眞以對，並因此獲得成長。

有了使命感，迷惘與焦慮都會消失

大家是否有過類似的經驗：雖然不願意，卻被推舉爲組長或隊長，被迫成爲負責人？

因爲不甘願，當然拿不出動力，更別提什麼使命感了。當自己獲衆人推舉的那瞬間，不但不覺得光榮，反而很絕望，只感受到必須背負重責大任的焦慮，說不定還有一點想怪罪別人的憤怒。

但人類是種很不可思議的生物，會依所處的立場改變想法。

即使一開始心不甘情不願的，但只要持續做下去，使命感就會漸漸出現。就算多少仍覺得自己是被逼的，卻已感覺不到焦慮或空虛。

這是因爲我們能根據「外在動機」行動。

即使在「雖然不想做，但不得不做」的情況下，人類依然會在不知不覺間產生「我非做不可」「我必須去做」的想法，自我效能也會因此提升，情況甚至有可能為之一變，反過來成為積極扮演好這個角色的人。

理解自己所處的立場、抱持著使命感、確實扮演好自己被賦予的角色——人們會對這樣的人抱持好感。只要言行舉止開朗、正向、不卑躬屈膝，自然能提高自己在他人眼中的評價；換個角度想，「被迫從事不想做的事情」未必是壞事，端看自己用什麼態度面對。

在《鬼滅之刃》的許多情節中，都能看到鬼殺隊的隊員們因獲得使命感，使得自己不再陷入迷惘或焦慮，而能勇往直前，讓人感受到正向的激勵效果。

炎柱．煉獄杏壽郎與上弦之參．猗窩座的對峙，就是最好的例子。猗窩座邀請杏壽郎一起變成鬼，好獲得強大的力量，以免被「弱小」的人類拖累，卻遭到杏壽郎斷然拒絕。於是他對杏壽郎發動猛烈的攻擊，將對方逼到幾乎走投無路。但杏壽郎卻斬釘截鐵地表示：

「我會完成自己的任務！不會讓在場任何人死掉！」

（第八集第六四話〈上弦之力・柱之力〉）

即使被逼到極限，甚至很可能喪命，杏壽郎的態度依然堅毅。正因為他了解自己身為柱的立場，並因此擁有不可動搖的使命感，所以才能說出這句帥氣的臺詞。

使命感確實能使我們變得更堅強。

身處困境時，聆聽幫助自己的聲音

當自己就要放棄、覺得灰心喪志的時候，父母、朋友、前輩、上司……等人說過的話，經常會成爲拉我們一把的力量。

除了認識的人，名人格言、影集或電影的臺詞、小說或散文的佳句、流行歌曲的歌詞……也都有同樣的效果，漫畫當然也不例外。當我們遭遇危機時，那些記憶深刻的話語就會突然浮現在腦海中，或是幫助我們找到解決問題的關鍵，或是帶領自己走上正確的方向，甚至是在背後推自己一把。

這些話語多半會和自己在意的事情結合，銘刻在潛意識裡。因此，想擁有越多這類「錦囊」，最重要的是接觸大量的人事物——與許多人建立關係、對許多事物展現興趣，相關的話語就能在不知不覺間累積在腦海裡；當我們走投無路或心生迷惘時，這些話語自然就會浮現出來，幫助自己度過難關。

吾妻善逸與用毒把人變成蜘蛛的蜘蛛鬼對決時，因爲重複好幾次相同的動作，被敵人看穿他只會一招。

就在危急存亡之際，善逸腦海中浮現了既是師父，也被自己當成爺爺般依賴的桑島慈悟郎所說的話：

「沒關係，善逸。這樣就行了。只要學會一種就是萬幸了。如果只能學會一種招式的話，那就將它練到極致，鍛鍊到極限中的極限。」

（第四集第三三話〈痛苦到滿地打滾也要前進〉）

善逸在戰鬥時中了蜘蛛毒，隨著毒素逐漸循環全身，他開始覺得手腳痲痺、疼痛、頭暈、想吐。但即使眼看就要葬身於此，他依然相信爺爺的話，使出鍛鍊到極致的絕招「雷之呼吸．壹之型：霹靂一閃．六連」，成功將蜘蛛鬼送上黃泉。

此外，炭治郎在與義勇合力爲杏壽郎報仇、與猗窩座展開激戰的時候，也突然想起亡父的話。當時父親對著還很年幼的炭治郎，說起有關火神神樂的眞諦：

「重要的是正確的呼吸和動作，以最少的動作展現最大的力量。」

（第十七集第一五一話〈鈴聲響起的下雪月夜〉）

他們和猗窩座的力量差距實在太懸殊，即使炭治郎與義勇兩人使盡全力，依然陷入苦戰。但父親的話讓炭治郎得以冷靜下來，尋找攻破猗窩座的破口。

最後，炭治郎終於發現關鍵，打敗了猗窩座（正確來說，是喚醒了猗窩座仍身爲人類時的記憶，讓他發現自己的過錯而自絕性命）。

無論是善逸還是炭治郎，都與某人有著深刻的羈絆，所以才能在極限狀況下聽見他們的聲音。

不論是抓住轉瞬即逝的靈感，或是在必要時想起必要資訊，都是一種了不起的能力，但這並非天分使然，而是藉由與許多人建立深厚的關係、對各式各樣的事物抱持興趣，進一步磨練得更純熟。

當累積的資訊夠多，這些訊息就會開始彼此串聯，就能在千鈞一髮之際，讓我們聽見足以幫自己一把的聲音。

反過來說，**如果習慣封閉自我、凡是不感興趣的事情就漠不關心，陷入困境時就會更難脫離、更覺孤立無援。**

第3章

強者都在執行的習慣

——炭治郎變強的理由

以開放的態度面對眼前的問題

炭治郎第一次見到義勇時，還是個脆弱到一看見禰豆子被抓，便立刻流淚下跪的少年。

但在他接受鱗瀧的訓練、通過最終選拔，並一次次戰勝的過程中，已不知不覺培養出甚至能與上弦之鬼勢均力敵的強大力量。

爲什麼炭治郎能變得這麼強？

我個人認爲，他那幾乎可稱爲過分老實的坦率與憨直——也就是開放的態度，就是其中一項原因。

以開放的心態聆聽別人的意見。

前進時不預設成敗好壞。

坦率地承認對方很強。

毫無疑問的，這種態度就是炭治郎之所以能變強的源頭。炭治郎的坦率眞的非常耀眼，我甚至打從心底羨慕。

鱗瀧的特訓的內容，是一道又一道的難題，而且超級強人所難。接二連三飛過來的石頭、樹幹和利刃，再加上不知藏在哪裡的眾多陷阱。眞的讓人腳軟。然而不論摔倒、挨打、挨罵、被威脅多少次，炭治郎仍然沒有一句怨言。他只是遵從師父的指示，認眞地鍛鍊。

當然，鱗瀧是他的師父，接受這些訓練是理所當然；但炭治郎最了不起的地方，就是不論是誰的意見，他都會坦率聆聽。

其中有一幕讓我印象深刻，那是炭治郎和禰豆子被帶到柱合會議之後的事。前面提過，炭治郎在會議上第一次見到主公大人與鬼殺隊九柱，並爲了該不該放過禰豆子與衆人激辯。事實上，炭治郎、善逸和伊之助三人先前在與下弦之伍・累的戰鬥中，早已遍體鱗傷，因此柱合會議結束後，三人就爲了休養而寄宿在蟲柱・蝴蝶忍的蝴蝶屋裡。

身體狀況才剛復原，名爲功能恢復訓練的復健課程就已等著他們。訓練內容相當磨耗身心，炭治郎也總是垮著臉離開訓練場，日復一日。

在蝴蝶屋幫忙的三位女孩（菜穗、千代、須美）看著炭治郎因爲訓練不順利而煩惱的樣子，於是建議他實踐九柱都會的呼吸法。

對於她們的建議，炭治郎的回答非常坦率：

「這樣啊……謝謝妳們，我會試試看的！」

（第六集第四九話〈功能恢復訓練・前篇〉）

沒錯，就是這種態度。

對方的年紀比自己小得多，大概跟小學生差不多吧，甚至連鬼殺隊的隊員都不是，但炭治郎依然很直率地接受她們的意見——這就是他變強的原動力。

另一方面，最近與學生相處時，我常常發現他們有不夠開放、會預設立場的情形：遇到需要解決的問題時，連試都還沒試，就已經先預設了結果與可能性，並往往因此放棄。

這讓我忍不住在心裡碎念：「你們學學炭治郎吧！」

例如求職，許多人會先預設「這家公司規模好小，沒前途」「那個職位要做的事好多」，但這些學生明明還沒出社會，也沒有在該公司實習過。

另一方面，我也看過許多學生開開心心地進入自己原本認爲的幸福企業，卻連工作的內容都還沒全部學會，就已經把後悔掛在嘴邊：「跟想像中完全不一樣。」「這份工作完全不適合我。」

我覺得在嘗試前就自我設限實在太可惜了。

當我們帶著太多的刻板印象與偏見面對世界時，就很難用開放的心態面對事情，也容易導致最後以失敗收場。反正先試看看再說，等到發現真的無法繼續時再抱怨就好了。

反之，如果不預設立場、以開放的態度去嘗試，說不定會發現結果完全沒有想像中那麼糟、出乎意料地有趣、很適合自己、有成就感等等。

有不有趣、好不好、適不適合自己，可以等試過再判斷。畢竟很多事情都要親身體驗過後才會知道。

別在嘗試前就輕易排斥，任何事都一樣。

我們也可以把「待解決的問題」換成「全新的體驗」，不論運動、旅行、烹飪……任何事都適用。

原本以爲自己不擅長運動，但開始接觸棒球後，發現自己還滿有天分的，甚至很快獲選爲正式選手。

原本以爲自己對歷史沒興趣，旅行時也都到設備齊全的度假村，但和家人一起造訪歷史古城後，竟迷上了古老的街道與建築。

原本以爲自己討厭做菜，但學會怎麼做咖哩後，發現調配香料很有趣，於是迷上了料理。

像這樣的例子屢見不鮮。只要嘗試挑戰新事物，就有更多機會發現自己未知的能力和興趣所在。

遇到課題時，不要先入爲主地判斷好惡，而是以開放的態度面對。

遇到感興趣的事情時，總而言之先做做看再說，其他的先別計較。

這種坦率與開放的心態，一定有助於打造強韌的內在。

別人的教導不是理所當然

我們無法只靠與生俱來的本能生活。

從出生開始，我們在父母與老師的指導下，從如廁、穿衣等生活基礎開始學習，接著了解社會規範、日常生活禮儀、語言的運用、使用金錢的規則……各式各樣的事情。

求學時期，我們在學校習得讀書、運動、團體生活的基礎；出社會後，則從主管、前輩和同事身上學到工作的方法。**不管在哪裡，都有許多需要與值得學習的東西。俗話說「活到老，學到老」，似乎一點也沒錯。**

以開放的態度聆聽他人的建言，是邁向成長的第一步。炭治郎之所以能越來越強，也是因爲坦率遵從鱗瀧的教導。

但如果因爲這樣，就**認爲「什麼事都會有別人教我」，那就不對了。我們無法永遠依賴別人活下去。**需要靠自己的那一天，必然會在某個時刻到來。

炭治郎的這一天來得非常突然。他在鱗瀧門下熬過了一年嚴格的鍛鍊後，鱗瀧這麼對他說：

「我已經沒有什麼能教你了……剩下就看你自己了，看你是否能把我教你的事情予以昇華。」

（第一集第四話〈炭治郎日記・前篇〉）

鱗瀧說完這句話，就真的不再教他任何事情了。

而且還丟下一項難度極高的最終試煉——要求炭治郎劈開比自己的身體還大的岩石。

炭治郎只能自己思考該怎麼做。雖然有錆兔與真菰的亡魂在一旁陪伴，但他們並沒有教炭治郎具體的做法。炭治郎只能不斷重複施展從鱗瀧那裡學來的技巧，拚命挑戰岩石，即使經歷一次又一次的失敗，幾乎讓他灰心喪志，他依然自我激勵，持續挑戰。

就在鱗瀧說完那句話的一年後，炭治郎終於成功劈開岩石。

任何人都是在別人指導下成長的，但總有某天、在某個地方，會面臨得靠自己的情況。這時，沒有人會告訴你該怎麼做，必須自己找出解答。這也是任何人都必然遭遇的。

然而，現在許多人有著「反正會有人教我」的想法。他們認爲「別人告訴我該怎麼做，是理所當然的」，甚至會在失敗時反過來怪罪別人：「都是你教得不夠仔細，所以我才學不會！」

任何事都一樣，剛開始接觸時，都會有人教導我們基礎；一旦學會了，就得靠自己思考、應用、轉化。如果沒有這樣的自覺，人就無法成長；一旦置身於無人可依賴的狀況，就眞的會變成什麼都做不到的人。

舉例來說，如果因爲工作或其他原因必須到海外生活的話，該怎麼辦呢？

「跟當地人請教啊！」沒錯，但如果彼此語言不通，就算對方想告訴你，也沒有辦法。這時候，如果還覺得「別人理所當然應該幫助我、教導我」的話，不就只能束手無策、動彈不得？

相反的，如果是懂得用自己的大腦思考並採取行動的人，即使在語言不通的情況下，也會想辦法傳達自己的意思，不論是生澀的外語也好、畫圖或肢體語言也好、觀察對方的表情與動作也好，努力透過各種方式讓溝通得以產生。

這兩者的差距眞的非常大。好比在工匠的世界裡，師傅常常要徒弟「在旁邊看」，甚至明白地告訴他們「技巧是偷學來的」。因爲**如果無法靠自己思考，什麼都要人家教，永遠學不會眞正的知識與技術**。

習慣了網路和智慧型手機後，只要遇到任何不懂的事情，大家就會立刻上網搜尋，或是依靠懶人包、攻略之類的速成解答。

之所以這麼做，當然是因爲很方便，但我常常懷疑：「這樣眞的好嗎？」因爲有些學生寫報告的方式，就是直接把網路上查到的資訊複製貼上，讓我相當困擾；而且一旦無法在網路上搜尋到資料，多半會立刻放棄。看著那些似乎不覺得這麼做很有問題的學生，我忍不住擔心起他們的將來。

雖然我這麼說，但平常還是會使用網路，而且使用網路查找自己需要的資訊並不是什麼壞事，問題在於「什麼都靠網路」的態度，這種態度將阻礙思考力的成長。上網搜尋終究只是第一步，接下來還必須對資訊做出選擇與取捨，區分出哪些有用或沒用，並思考該如何有效使用。

網路不一定會告訴我們正確答案；不，甚至應該預設網路不會告訴我們最佳解答。

因爲**如果不靠自己思考，就得不到眞正的答案**。

培養自己思考的習慣

只要有意識地要求自己思考，就能逐漸養成習慣。

重要的是，**不要在遇到困難或阻礙時才這麼做，而是在行動前就要開始思考。**

「不懂的就問」這句話其實只有小時候才適用。長大成人後，「遇到不懂的事情時，自己先調查、動腦，如果還是無法解決，再向別人請教」才是常識。自己什麼都不做，只想當伸手牌、把問題完全丟給別人，未免太過分了。

炭治郎在進入鱗瀧門下修行前，並沒有思考的習慣。

前往鱗瀧所在的狹霧山途中，他不巧撞見正闖進山中小屋吃人的鬼。

雖然對方的等級不過是隻雜魚，但炭治郎還沒開始修行，陷入苦戰是理所當然的。最後炭治郎運用與生俱來的鐵頭功，以及在因爲變成鬼而有超人力量的禰豆子幫助下，踢斷鬼的脖子，並用斧頭把鬼的頭夾在樹幹上。

只差致命一擊。雖然炭治郎手上握著小刀，但他就算面對的是鬼，也無法硬著心腸下手，不禁猶豫了起來。這時，鱗瀧出現了，他告訴炭治郎，那種東西殺不死鬼，炭治郎於是問鱗瀧該怎麼做，才能將鬼一擊斃命。

沒想到，鱗瀧劈頭就是一陣痛罵：

「不要問別人！你不會用自己的腦袋去思考嗎？」

（第一集第三話〈天亮前一定會回來〉）

鱗瀧說得完全沒錯。

這時的炭治郎還沒培養出自己思考的習慣，這次經驗或許可說是讓他醒悟過來的關鍵吧？另一方面，在累積大量經驗後，炭治郎也有了脫胎換骨般的成長。以下就是他成長的象徵：

「快點想！我要想辦法！給敵人重大打擊的方法，讓對方無法立刻恢復的攻擊！」

（第十三集第一一二話〈遷移變換〉）

上弦之肆．半天狗有多個分身，炭治郎遲遲找不到能打倒他的方法，只能一味防守、拚命閃躲對方的攻擊。這時候，炭治郎就在心裡對自己這樣吶喊。

不管問誰都得不到答案，既然如此，只能自己想。

炭治郎的大腦已經完全習慣自己思考了，所以才會有這種想法。經歷重重磨練、獲得成長並因此變得強韌的人，面對困難時，就會採取這樣的態度，眞的很值得大家學習。

思考步驟一：分析現狀

就算被要求「自己思考」，但有些人很可能連到底該怎麼思考都想像不出來。事實上，思考是有方法可循的，或者說是訣竅也可以。

第一個步驟是分析現狀。

眼前的問題是什麼？

自己想做什麼？

目前處在什麼狀況？

請試著在腦中想出或寫下這幾個問題的具體答案，如此一來，就已經將思考所需要的具體材料準備好了，這能幫助我們更容易想出解決眼前問題的方法。

舉例來說，假設你到一座陌生的城市遊玩，卻和朋友走散了，手機還剛好沒電。要是任意行動，除了未必能找到朋友，搞不好還會害自己落得回不了家的窘況；除此之外，如果隨便離開現場，萬一朋友回頭來找，不就又錯過了嗎？這時候，我們該做的，就是先冷靜下來分析現狀。

目前所在的位置離車站多遠？人潮是多或少？原本預定幾點離開？同行的朋友是會主動找人的類型，還是被動等待他人前去尋找的類型……準備好思考的材料，就能找出最好的方法。

炭治郎加入鬼殺隊後的第一次戰鬥，就是依照這樣的方法行動。當時他接到指令，要前往西北方的城鎮上找尋擄人鬼。

炭治郎並沒有一個勁地與鬼戰鬥，而是先一一分析現狀後，再採取行動。他運用異常靈敏的嗅覺，接近鬼的所在位置；再根據現場有兩種味道，研判那裡除了鬼，還有一名女性人類，最後才一刀刺向鬼。

他的第一擊並沒有將鬼打倒，於是他分析自己沒有成功的原因，並確認己方必須保護的人所在位置，再發動下一次攻擊。雖說他借助了禰豆子的力量，但還是在第一次戰鬥中就成功打敗三隻鬼。炭治郎能有這樣的成果，都要歸功於他能冷靜分析自己的狀況。

思考步驟二：掌握自己的經驗和擁有的武器

懂得如何分析現狀，並據此思考解決問題的方法後，下一步就是要思考實行的可能性。

從自己過去的經驗與掌握的技術來判斷能否做到。

換句話說，就是**盤點自己具備的技術與力量**。

舉例來說，根據分析，想要解決問題，需要花費一百萬元或擁有流利的英語會話能力，但如果手邊的錢不夠、完全不會說外語，就無法付諸實行，必須思考新的解決方案。

反之，如果有錢，也有語言能力，那就毫不猶豫地勇往直前吧。

在這裡，有一點必須注意：**就算是自己喜歡、有自信的事，也不一定能成爲解決問題的能力**。

因爲不管再怎麼喜歡、再怎麼有自信，和自己個性不合或力量不足的狀況依然比比皆是。要是忽略這點，就無法眞正前進。

人類的能力相當不可思議，許多**適合自己、能讓自己有所發揮的事，往往是自己沒那麼喜歡，甚至討厭的事**。

我自己也曾因興趣與適性與否的問題而苦苦掙扎。年輕時曾在一家公司上班，而且只因爲我小時候學過珠算，就讓我負責部門內的會計工作。

但我學珠算只是偶然，也非常討厭數字與瑣碎的事，討厭得不得了。但因爲是工作，只好把自己的情緒擺在一邊，埋頭完成會計業務。每天上班時，都巴不得自己早一刻脫離苦海，更不知道公司爲什麼非得強迫我做不想做的事。

但主管完全無視我的心情，反倒對我的表現相當稱許。因爲與「討厭」的心聲相反，我的工作表現竟然還不錯。

「五味雜陳」所說的正是這種狀況。而直到離職之前，我都默默地（但還是有抱怨）處理部門內的會計工作。

由此可知，爲了區分哪些事是自己喜歡的，哪些則能發揮自己的能力，我們必須積極清點目前所擁有的技術與力量，並藉此重新了解自己擅長與不擅長的領域是什麼。如此一來，就能訂定新的目標，判斷自己該往哪個方向發展、哪些部分還需要多加鍛鍊。

這種事尤其容易發生在職場上。明明是自己喜歡的工作，其他人卻說「你不適合做」，這時我們可以把它當成修正職涯軌道的好機會；或者雖然是自己討厭的事，主管卻說「你做得很好」，這時只要接受這項事實，就能減少工作時的壓力。

「快想快想啊！我能做的最大努力、現在我能做的事……把呼吸法混合，把水之呼吸和火神神樂搭配使用。如此一來，比起水之呼吸，攻擊力道會更強，能行動的時間也比火神神樂更久。」

（第十一集第九〇話〈感謝〉）

即使不特別說明故事的前因後果與狀況，只要讀了這段心聲，就能知道炭治郎運用過去的經驗，確實覺察到自己具備的能力。

只要持續思考，人就能變得更強大。

思考步驟三：發揮打破僵局的創意

思考的最後一個步驟是創意。即使想出解決方案，如果現在的自己並不具備實行能力，仍然無法解決問題。尤其目標越大，這種狀況越常發生。

這時候，**能否多下點工夫，嘗試發展各種獨特的創意，就是我們有沒有辦法變強的分水嶺**。

發揮獨特的巧思，才能突破現狀。很多人雖然有才華，卻因爲缺乏創意而成不了大事。

我們常常能在網路頻道上看到完美模仿歌曲或舞蹈的素人歌手或舞者。當然，模仿公認的一流人物或成功者並不是壞事，而且確實可以從中學到很多；更何況，完美重現也是具備才華的證明，是非常了不起的能力。但是，不論再完美，模仿還是模仿，如果僅止於此，那就只是複製與再現，永遠無法超越原版。

能從眾多模仿者中脫穎而出的人，都爲了讓更多人聽見、看見或獲得更多關注，加入自己才做得到的變化，發揮創意。換句話說，他們除了模仿，也會思考自己接下來該怎麼做。

炭治郎也告訴我們，打破現狀或僵局，需要發揮創意。

與下弦之伍．累率領的蜘蛛鬼對決時，鬼殺隊有許多劍士都受鬼操控，變成不顧自己意志攻擊同伴的人偶，於是炭治郎將劍士拋到半空中、吊掛在樹枝上，讓鬼無法再操控他們。

在另一次任務中，炭治郎因下弦之壹．魘夢的血鬼術陷入沉睡，但即使在夢中，他仍絞盡腦汁思考該怎麼做才能破解術法、醒過來，最後得到「在夢中死去就會在現實中醒來」的結論，因此砍斷自己的脖子，成功回到現實。

此外，在與上弦之陸．妓夫太郎的對峙中，他幾乎被逼到絕境。然而就算手指已經被折斷，對方還咒罵自己是慢半拍的呆子和廢物，他也故意打不還手、罵不還口，讓對手失去戒心，趁著一瞬間的空檔，用頭槌（他的頭真的很硬）和抹了毒藥的鐵錐反擊，完美逆轉情勢，斬斷鬼的脖子。

無論落入什麼狀況、陷入什麼危機，都不能放棄，要發揮創意找出破口。如此一來，就能開創新的道路，讓自己變得更強。

將自己鍛鍊到極致

炭治郎所屬的鬼殺隊，是由精挑細選的劍士所組成的菁英部隊。尤其是「柱」，他們在各方面都擁有出類拔萃的力量，不論是體力、耐力、應變力、應用力、膽識等身心強度，都具備超人的高水準。至於炭治郎以及與他同時入隊的夥伴們，也在成長後培養出不遜於柱的能力，屢屢立下功勞。

就算擁有與生俱來的才華與天賦，也不能缺少超乎常人的努力，這樣才能獲得他人難以匹敵的力量。這些人共通的特質，就是對於鍛鍊自己毫不妥協。

「只能拚命練習。除此之外，應該別無他法了吧。」

（第一集第五話〈炭治郎日記・後篇〉）

這是炭治郎訓練自己劈開岩石時，眞菰的亡魂告訴他的話。

眞菰是個長相甜美可愛的女孩，但她若無其事說出口的臺詞，竟然這麼硬派、毫無妥協餘地。這句話背後的涵義是，如果想加入鬼殺隊，做到這種程度是理所當然的。

後來在蝴蝶屋療傷時，炭治郎爲了變強，完成了功能恢復訓練等許多把自己鍛鍊到極限的特訓。

再後來，他爲了取回斷裂的刀子，拜訪煉刀師之村。在那裡，他以有六隻手的高規格戰鬥用機關人偶——緣壹零式爲對象，展開激烈的訓練。

至於九柱以外的鬼殺隊隊員，也在名爲「柱訓練」的共同強化訓練中，輪流接受柱的徹底磨練。

不斷將自己逼到極限，就能培養出誰也拿不走的實力。炭治郎發自內心了解到，如果不做到幾乎讓人懷疑「有必要這樣嗎？」的地步，打倒鬼舞辻無慘就永遠只是夢想。

現代社會中，「過度」常常會變成嚴重的問題。比如說，有名運動校隊的教練，如果要求學生進行過度（甚至不人道）的訓練，立刻就會上新聞、遭受嚴厲批評；而長時間加班也確實爲身心帶來嚴重傷害，並進一步成爲社會問題，因此通過了相關的勞動改革，希望減輕大家的負擔。

身處這樣的時代，像「大家應該學習炭治郎，賭命練習就對了」這種話顯然很不切實際，因爲不但會遭到嚴重抨擊，而且就現實而言，我們本來就不可能像炭治郎那樣自我鍛鍊，眞的會出人命。

但從另一個角度來說，在合理的狀況與條件下，我們還是可以盡可能要求自己，把事情做到極致。

舉例來說，所有職業運動選手都是累積了無數次逼近極限的訓練，才能站在現在的位置。他們將自己的技術磨練到不須思考、身體自然就能反應的程度，才能成爲專業人士；而凡是公認一流的人，大抵都經過類似的訓練。

在研究領域也一樣。許多就算獲得諾貝爾獎也不意外的科學家或研究者，都付出了普通人無法想像的努力，才能獲得震驚全球的發現，把自己推上頂尖的地位。

如果想獲得足以名留青史的出色成就，就算沒到炭治郎的程度，也必須持續自我鍛鍊到逼近極限。

此外，如果環境允許，而且是**自己非常非常喜歡的事情，那麼全心全意投入其中，就會成爲美好的經驗**。面對自己喜歡的事情時，人們對於極限的容受度也會跟著提高，因此我們可以試著自我挑戰，試著做到更極致，甚至覺得已經沒有必要繼續下去的地步。

有些人很喜歡玩遊戲，喜歡到不惜犧牲睡眠，也要努力破關，最後培養出驚人的知識與技能，甚至因此成爲電競選手。也有些人因爲對遊戲的熱愛，選擇進入相關製作公司，爲成就更好的遊戲而努力。

雖然不推薦給決心不夠堅定的人（眞心想做的話，倒是另當別論），但「適當的過度」確實是能讓我們變得更強韌的方法。

五分鐘的親身體驗，遠勝五年的紙上談兵

無論腦中描繪出多少關於成功的想像，要是不實際去做，就不可能順利達成；更何況，有些事情只有經歷過才會懂得。

與其紙上談兵，覺得這樣不好、那樣不對，不如動手試試看比較快，因爲直接嘗試才是得到答案最有效的方式。**比起費心計畫，希望能面面俱到，直接行動通常能帶來更大的益處**。

體育界人士常說「沒有比實戰更好的練習」。正式上場所帶來的體感，以及

從中得到的經驗與感受，具有非常高的價值。

《鬼滅之刃》的炭治郎，也在前輩類似的指導中逐漸成長。雖然師父要求他劈開巨岩，但不管怎麼做都劈不開。就在他因為屢次失敗而鬼吼鬼叫時，突然出現的鏽兔對他說：

「向鱗瀧先生學習的呼吸法『全集中呼吸』……你只是把它當成知識記住而已，身體卻什麼也不懂。」

（第一集第五話〈炭治郎日記・後篇〉）

鏽兔的話告訴我們，不論是多高超的技術，如果只是記在腦海裡，卻始終不去實踐，就沒有任何價值。

此外，炭治郎在煉刀師之村稍事休息時，戀柱．甘露寺蜜璃這樣鼓勵對自己的成長沒什麼實際感受的他：

「沒有什麼比親身體會所得到的東西更有價值了，足以抵得過五年，甚至是十年的修業。」

（第十二集第一〇一話〈悄悄話〉）

鏑兔斥責炭治郎做不好、搞不清楚狀況；蜜璃則稱讚炭治郎做得很棒、很了不起。雖然兩人的話完全相反，但想要告訴炭治郎的事情，本質上是完全相同的。

經驗更勝於知識。

實戰更勝於練習。

他們告訴炭治郎這個觀念的重要性。

我們或許也可以這樣解讀：炭治郎遇見錆兔時，技巧還很生澀；但在與蜜璃對談時，所擁有的技術已經相當純熟。

這個觀念與「善用機緣論」（planned happenstance）有共通之處。

從原文來看，「善用機緣論」也可稱爲「規畫好的偶發事件理論」，意思是「人的一生有八成都取決於無法預期的事件或偶然的相遇」，這是生涯發展理論中的代表性概念，也是社會學習論的擴展。

其重點在於，我們不能只是坐在那裡等待偶然發生，更應該主動出擊，增加預期外事件發生的可能性；也就是將純粹的偶然，轉變爲計畫好的必然。而這樣的概念也可解釋成「付諸行動的人就能得到收穫；光說不練的人，什麼事都不會發生」。

聽起來雖然有點複雜，但如果再說得更淺白一點，就是**「不管什麼都好，總之動起來最重要」「採取行動就有價值」「先踏出一步看看」**。

行動，將成爲打破固有窠臼的契機，讓自己變得更強。

採取行動能帶來正向結果——這一點都沒錯。

這個概念可以套用在學習、運動、職場、溝通……各種場合。

與其因爲想太多而停在原地，不如直接採取行動，更有可能讓好事發生。

坦率承認別人的長處

「你眞厲害！」

對。

「我比不上你呀！」

如果有人這麼對自己說，大家會有什麼感覺呢？

多少還是會覺得很高興吧？獲得別人的稱許與認可，應該沒有人不開心才對。

即使當下因爲有些害羞，或爲了表示謙虛而回答「我有嗎？」「沒有這回事」，等到自己獨處的時候，還是會想要爲自己叫好。我想大家應該都有類似的經驗。

坦率的稱讚、接納和認可，對人際關係來說非常重要，可以提高彼此的信賴感，並成爲建立良好關係的重要基礎。

有一種看法認爲，如果別人這樣做會讓自己開心，那麼自己也最好對別人這麼做，也就是「己所欲，施於人」。這麼做不但能提高對方的自我效能，稱讚他人的自己也會覺得很幸福。因此，當我們看見別人擁有足以讓人另眼相看的特質時，請大方地稱讚對方「很厲害」！

稱讚對方，同時也能成爲自我分析的好機會。

知道對方厲害在哪裡，就能看見彼此之間的差異，或是自己不足的部分，進一步思考「自己應該怎麼做才好」。找出別人的優點，並當成自己的目標，也能促使自己成長。

認可他人不只能讓對方開心，也能自我提升，非常一舉兩得。

鬼殺隊就是一個透過夥伴彼此認可、提升整體戰力的理想組織。

個性坦率的炭治郎，只要覺得對方很厲害，就會馬上說出口，絕不會扭捏；就連性格唯我獨尊的伊之助，也有毫無保留稱讚對方的度量。

「我不會輸給他！我必須變得更強才行！」

（第十二集第一〇四話〈小鐵〉）

時透無一郎的身材和年紀雖然都比炭治郎還小，卻已經躋身「霞柱」的地位。炭治郎第一次見識到他的強悍時，在心裡如此發誓。

炭治郎會出現這樣的想法，不是因爲心懷嫉妒，而是因爲坦率認同與佩服對方，進一步希望自己能與他比肩。

至於伊之助，讓我印象深刻的一幕，是在與下弦之伍・累所組織的虛假家庭戰鬥時，他被擔任父親角色的怪力鬼抓住，頭差點被捏碎。

生死關頭，走馬燈已在伊之助腦中浮現。正當小命即將休矣，義勇不知道從哪裡英姿颯爽地出現，瞬間就把怪力鬼大卸八塊。伊之助第一次目睹與隊員完全不同層次的實力，受到極大震撼的同時，也興奮地想：

「好厲害！好厲害！好厲害！這傢伙是誰啊？我簡直興奮到不行！」

（第五集第三七話〈斷掉的刀身〉）

看到戰鬥力遠高於自己的義勇，伊之助既沒有失去自信，也不只是單純崇拜而已；他不僅確切認同對方的實力，甚至因此覺得興奮。雖然伊之助一直是個自信過剩的傢伙，卻也能坦率地展露這般心情，這正是他的過人之處，也是他強韌本質的基礎。

要注意的是，雖然都是說「好厲害」，但如果是基於客套或吹捧，不論對聽的人或說的人而言，都沒有好處。重點在於必須先承認對方眞的很行，再把讚美的話語說出口。

團結力量大

俗話說「三個臭皮匠，勝過一個諸葛亮」，自己解決不了的事情，若能集合眾人的力量，有時就能想出辦法。

不管是知識多豐富、頭腦多清楚的人，都有思緒打結、得不到答案的時候；這時，如果有其他人在場，就有可能成爲後盾或助力。

這一點在團體競賽或運動中尤其明顯。雖然每位隊員的能力都很出色，或是隊上擁有超強的明星隊員，但要是團隊合作不佳，反而會讓獲勝變成難事。

正如日本橄欖球代表隊的口號「one team」（團結一致），這個後來成爲流行語的口號所展現的精神在於，團結度夠高，團隊的戰力才會夠強，也才能獲得成功。

職場上也一樣。就算某人擁有突出的能力，能解決所有問題，但是從組織整體的角度來看，能發揮的效果其實意外的小。**大家一起思考、彼此齊心協力，更能實現遠大的目標。**

一個人的能力有限。

懂得依靠別人、不要硬撐也很重要。

所謂的團隊，不是個別能力的加總，有時甚至是相乘。

想爲組織帶來成功，重要的是團隊合作、共同奮鬥和彼此互助。

鬼殺隊的劍士不是只會依靠夥伴，同時也能彌補彼此的不足，拯救對方脫離危險。他們戰鬥時，總是想著如何合作、如何透過乘法放大個人的能力。

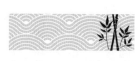

「伊之助！一起戰鬥吧！一起思考吧！爲了打倒那隻鬼，一起合作吧！」

（第四集第三一話〈派不是自己的某人上前〉）

在下弦之伍・累所組成的虛假家庭中，擔任母親角色的鬼能隨心所欲地操縱人偶。炭治郎對上人偶時，朝著第一次並肩作戰的伊之助這麼說。

理論上，只要斬斷脖子就能將鬼打倒，但它們是沒有脖子的人偶，慣常的做法根本沒用。

該怎麼辦才好呢？

剛開始，暴走的伊之助根本聽不進炭治郎的話，差點丟了小命，但炭治郎依然幫他阻擋了敵人的攻擊。個性自我中心的伊之助，雖然不情願，最後還是接受了炭治郎「從脖子根部往腋下砍」的建議，並且付諸實行，最後成功獲勝。

這個例子幾乎可說是模範，顯示了即使一個人做不到，只要兩人合力，就能解決問題。

「保護甘露寺小姐！這個人打贏的可能性最高，她是希望之光！只要她能活著，我們一定能贏！大家一起打贏這場仗吧！我們誰都不會死……」

（第十四集第一二三話〈甘露寺蜜璃的走馬燈〉）

前面提到，上弦之肆．半天狗有好幾個分身，甘露寺蜜璃對上由分身合體而成的憎珀天時，受到了近乎致命的重傷。看到這幅情景，炭治郎對一起戰鬥的禰豆子、同時入隊的不死川玄彌，以及差點沒命的蜜璃喊出這句話。

或許是聽到這段發自靈魂激勵同伴的呼喚之故，蜜璃睜開眼睛，再度握住刀柄。雖然無法一下子就打倒憎珀天，卻能立刻發動近乎逆轉情勢的攻擊。而就在蜜璃牽制住憎珀天的同時，炭治郎等人也追上了本體半天狗，終於將他的脖子斬斷。

這段故事也清楚地告訴我們，只要衆人齊心協力，即使面對的是威力強大的敵人，也有可能勢均力敵，甚至逆轉情勢。

有一點必須注意，依靠他人不等於依附他人。因爲無論身在哪個領域，最值得信任、最重要的，終究還是個人的能力。

磨練自己的能力，使其化爲團隊整體的力量。

讓自己的優點能爲同伴所活用。

想讓事情進展得更順利，整個團隊都應該要有這種想法。

如果聚集的是一群沒有人幫忙就什麼都做不來的人，想要產生加乘效應根本是空談。雖然負負得正存在於數學世界裡，但在這種情況下，增加的只有負數的絕對值而已。

與同伴合作時，請務必充分理解這一點。

「不想輸給你」帶來行動力

當大家團結一心，就能確實意識到「我們是夥伴」，並產生對彼此的理解；接著，也將萌生競爭與對抗的心態，創造互相砥礪以求進步的環境。

像是同年級的同學或同時進公司的同事，人類在面對起點與立場相同的夥伴時，這種「不想服輸」的想法會更強烈，願意為了領先一步而付出更多努力。

「我不想輸給○○。輸給他太不甘心了。」

這種情緒將成為推力，產生更強烈的上進心。當然，一個人默默努力也很重要，但競爭對手更有助於鍛鍊心志、提升能力。

不服輸的個性，是一項武器，也是一項資產。

說到《鬼滅之刃》中好勝心最強烈的角色，非嘴平伊之助莫屬。雖然他懂得稱讚別人、認同別人（儘管態度高高在上），但也擁有強烈的自信、自我中心，而且要是不拿第一名，就會不甘心，甚至動不動就想跟別人比輸贏，競爭意識很強。

和炭治郎一起發現鬼的時候，他會氣沖沖地強調是自己先注意到的；得知炭治郎已經透過功能恢復訓練學會「全集中・常中」的招式後，立刻氣憤地放話說自己也學得會。

炭治郎雖然不像伊之助那麼極端，但也有不服輸的個性。就像前面提過的，面對時透無一郎時，他心裡也想著自己絕不會輸給他！

不甘心、不想輸的心情，就這樣讓他們變得越來越強。

當然，團隊行動也有缺點。

首先想跟大家說明的，是社會心理學中的「林格曼效應」（Ringelmann effect），也稱爲「社會性懈怠」，指的是有些人並不會因身處團隊之中而激發出動力，反而會出現「別人應該會幫忙」的想法，導致實力無法百分之百發揮出來，團隊的成果自然無法提升。

以前曾有某個以心理學爲主題的電視節目，爲了驗證社會性懈怠而進行了這樣的實驗：

他們找來五名強壯的男性，首先測量每個人的力氣大小。接著再請這五人一起盡全力拉動用鋼索連結的卡車，並分別測量此時所出的力。沒想到五人的數值竟然都下降了。根據推測，這是因爲「就算我不努力，也會有別人幫忙，所以沒關係」的想法，不知不覺間作用在每個人身上。

社會性懈怠也很容易發生在分組作業時。很多人念書時最討厭的就是分組報告或作業，我在大學課堂上也觀察到了這個現象：凡是分組，小組裡一定會出現什麼都不做的學生，而且往往不只一個。這可說是社會性懈怠的典型案例，因爲人們會盤算著在共同作業的情況下，自己可以不必付出這麼多努力。

另一方面，一般認爲，在能夠清楚展現個人工作狀態的單純作業中，較不容易發生社會性懈怠。因爲「想拿第一」「不想墊底」的念頭會直接反映在行動上，一旦偷懶，立刻就會被發現。

另一個我想探討的重要問題，是越來越多人即使遭遇挫敗，也沒有不甘心的樣子，尤其是年輕人。無法從競爭中獲得動力的人逐漸增加，身處教育現場的我，對這一點更是有深刻的體會。許多學生即使失敗了，或是輸給別人，看起來也一副無所謂的樣子。

這是因爲人們認爲就算付出努力，也無法有相應的收穫嗎？還是現在已經變成了只要付出馬馬虎虎的努力，就能得過且過活下去的時代嗎？無論如何，缺乏熱情與上進心的人確實變多了。

另一方面，有些人認爲競爭只會帶來傷害：不拿第一名也無所謂、沒有必要開好車、不買房子也可以、結不結婚都不在意、人生沒有所謂的好或不好。因爲我就是我，不需要和別人比較。

如果是自己喜歡的動畫、支持的樂團，仍會有想購買、收藏、想聽現場表演的欲望。他們同樣會計較得失，知道「這件事情要是不做就虧大了」，還是會或多或少拿出幹勁。但就僅止於此，不太會有「我想達到這個目標」「我想成爲這種人」的想法。

到底什麼東西才能「活化」這些缺乏欲望和上進心的人？該怎麼做，才能點燃他們的熱情呢？

我遲遲找不到答案。這是我現在最大的課題，或許也是整個社會都應該思考的問題。

等到這些年輕人長到三十或四十歲、成爲社會中堅時，或許整個社會的價值標準都已和現在大大不同，而說不定這樣的價值觀才是最適合未來社會的。不過我仍忍不住感到疑惑：這種「不動心」的生活態度眞的好嗎？

正因爲是「佛系」「草食系」當道時代，我才想大聲告訴各位：**如果心中湧現出不甘心的情緒，請務必珍惜。**

當你因爲做不到某件事情，或是在遊戲、學習或運動上輸給朋友而感到不甘心、甚至想哭時，請發自內心爲此感到歡喜。請將這份經驗當成寶貴的訓練，因爲它能在未來的人生中，幫助你培養出非常重要的能力。

事實上，我認爲什麼都**「覺得無所謂」「沒什麼好不甘心的」**，反而是種危險的訊號。如果置之不理，時間一久，就會失去興奮激動或心跳加速的感覺；既無法成爲理想中的自己，也不能達成想實現的夢想，更也沒有成就感，這樣的人生將變得索然無味。

要是發現這樣的徵兆，請務必翻閱《鬼滅之刃》。

請將炭治郎與伊之助的樣子牢牢記住、刻在心底，盡情品味實現夢想、將不可能化爲可能的那瞬間，度過豐富的人生。

第4章

／

堅強，才能吸引夥伴

——溫柔，是眞正力量的展現

就算面對鬼，你是否仍能保持溫柔？

《鬼滅之刃》中有一段讓人印象非常深刻的情節，發生在炭治郎於最終選拔中、打敗一開始遇到的那兩隻雜魚鬼之後。

炭治郎對著逐漸灰飛煙滅的殘骸雙手合十，在心裡默念「希望你們早日成佛」。

隨後出現的，則是與鱗瀧及其弟子有深厚孽緣的手鬼。雖說手鬼是可恨的仇人，但炭治郎在打倒他之後，反而握住了對方伸出的手，認真地說：

「神啊！求求您，這個人下次投胎時，請別讓他變成鬼。」

（第二集第八話〈哥哥〉）

對照在鱗瀧門下修練前後的炭治郎可以發現，即使進入了鬼殺隊，他對自己遇見的雜魚鬼依然滿懷慈悲心。這並非因爲身爲鬼殺隊劍士的他還不夠成熟，而是即使在他變強後，仍保有相同的特質。

總而言之，炭治郎非常溫柔。

多數與他對戰的鬼，都在臨死之際找回曾身爲人類的記憶，對於自己變成鬼抱持著懺悔之意。雖說無論如何都太遲了，但總比滿懷憎恨死去要好得多。就某方面來看，炭治郎爲這些鬼安排了最美好的結局。

當然，炭治郎也對同伴展現出驚人的溫柔。

對於必須硬起心腸戰鬥的劍士來說，這種個性或許是項重大缺陷；身邊的人也不只一次皺起眉頭說他太天眞、太溫和。

但大家仍接受了這樣的炭治郎，並在不知不覺中受他影響，這可說是炭治郎的魅力。

深厚的溫柔與慈悲，自然會讓人感動。

炭治郎總是爲別人著想、想幫助別人，而且不求回報的行爲，在心理學中稱爲「利社會行爲」，這種特質則稱爲「利社會性」。

利社會性高的人，無論對誰都能親切以待，足以帶領社會朝著良善的方向發展。**要對自己厭惡或憎恨的人懷著慈悲心是很難的，但如果每個人都能朝這個方向努力，想必就能迎來眞正意義上的和平。**

德蕾莎修女和聖雄甘地，可說是慈悲爲懷的極致。

當然不是每個人都能輕易成爲他們，但仍應有意識地善待他人。不要因細故生氣、不要過分焦慮、多爲別人著想、不因別人的無心之過而記恨……

任何改變都不可能一蹴可幾，但我們可以從能力所及之處開始，一點一滴做起。因爲這個世界的一切，其實完全取決於自己如何看待與定義。

人生在世，很難完全不與任何人不發生糾紛，這般無可奈何是我們應該接受的；但與人爭執後的態度及如何看待紛爭，卻可以憑自己的意志掌握並留心。

不讓憎恨的情緒爆發、努力原諒對方，也最好不要記仇。只要記住這幾項原則，就能避免消耗多餘的能量。

已發生的事情無法倒帶重來，但看待與處理它的方式，將大幅改變我們的未來。

你能發自內心聲援他人嗎？

當別人有需要時，除了伸出援手、以溫柔的話語安慰對方，也可以透過間接的協助與支持爲對方加油打氣；就算沒辦法直接幫忙，仍擁有很大的意義。

私下爲別人的成功祈禱。

看到別人努力的樣子，就在心裡爲他打氣。

這種態度也是讓心靈豐盛不可或缺的要素。

炭治郎不但會盡全力幫助他人，在無法伸手救援時，也會拚了命地聲援對方。他的口頭禪是「加油」，尤其在與善逸和伊之助並肩作戰時，更會近乎囉嗦地激勵他們。

他人的聲援除了能讓人精神百倍，還能激發彼此內在的熱情，有時候甚至能成爲改變一個人命運的契機。

我覺得有一段情節，能如實展現炭治郎的溫柔與不吝惜爲別人加油的態度。

炭治郎拜訪煉刀師之村時，遇到了名爲小鐵的少年實習刀匠。小鐵繼承了代代相傳的戰鬥用精巧機關人偶「緣壹零式」，但他的專業技術還不純熟，人偶一旦壞了，他可是修不好的，因此將人偶上鎖，愼重保管。

但想使用緣壹零式進行特訓的時透無一郎，強迫小鐵交出人偶。無一郎以緣壹零式爲對手，展現了身爲柱的高超戰鬥力，彼此打得不分高下。最後，無一郎擊中了緣壹零式的左肩，破壞了安裝在肩膀上的盔甲。

再也修不好了。緣壹零式就要終結在自己這一代了。灰心喪志的小鐵，爲了不讓身旁的炭治郎看見自己的眼淚，爬到附近的樹上暗自沮喪。看到他的樣子，炭治郎對他說：

「你還有未來。爲了十年、二十年後的自己，非得努力不可。現在做不到的事，總有一天會做到的。」

（第十二集第一〇三話〈緣壹零式〉）

雖然才剛見面，炭治郎依然全力聲援年紀比自己還小的少年。這就是炭治郎的眞本事。

小鐵接受了炭治郎的鼓勵，決定挑戰修理故障的緣壹零式，最後成功讓它再度啓動。

願意設身處地對待別人，與別人深入往來，才有辦法爲別人加油。這是具備同理心的人才有的能力。如果對別人漠不關心、總覺得別人的事跟自己無關，當然無法產生這樣的想法。

因爲同理心能強化我們對他人的理解。

現代社會中，對別人漠不關心的人越來越多，在連鄰居是誰都不知道的情況下，爲別人加油，或接受他人言語上的支持，不再是理所當然。

尤其是社群媒體的發達，反而更容易讓人把人際關係局限在自己周圍的小圈圈與同溫層。對許多人而言，所謂的世界就是「我們」和「我們以外」；當然，他們對「我們以外」的人完全沒有興趣，也不可能發出聲援。

這是一件非常可惜的事。

以運動選手爲例，以衆人面前比賽不但是他們的工作，也是力量來源。對這些選手來說，聽到觀衆的加油聲，能讓他們更有精神、更投入，也因此接受採訪時，幾乎所有人都會說：「觀衆的加油與支持，是對我們最大的鼓勵。」這也是爲什麼，幾乎所有運動隊伍在主場（自己的根據地）比賽的成績，都會比在客場（對手的根據地）更好。

來自他人的支持是無可取代的。

也擁有無比強大的力量。

每個人都有需要別人聲援的時候，想到自己接收到鼓勵時的愉悅，說不定能讓我們更樂於支持他人。而這麼做的好處，除了能讓內心變得充實，行動所獲得的成果也會隨之提升。能打從心底爲別人加油的人生，想必是更理想的。

直接傳達自己的心情

大家都說，做人應該要懂得察言觀色，也就是觀察現場其他人的情緒、根據先前的對話發展與行動，來判斷哪些話能說，哪些話不能說。換言之，當大家都說要往東，卻有人一定要往西，或是做事不看場合時，大家就會立刻認定那個人「白目」。

推敲、解讀對方的意思固然重要。

但最近過分在意此事的人急遽增加，許多人爲了怕被貼上白目的標籤、不想潑大家冷水，或不想被別人討厭，而不敢直接說出自己的想法。

如果因爲過度察言觀色，導致說出違心之論甚至閉而不談，反而會成爲累積壓力的重要原因。

另一方面，察言觀色後得出的答案，未必就是正確的。適度的沉默，或假裝不小心把眞心話說溜嘴，效果反而更好。

不希望被討厭的顧慮與體察上意，和人際關係中需要的體貼與關心是完全不同的東西，不僅有可能導致徒勞無功，甚至反過來讓關係惡化。

這種相處模式非常的「亞洲」，因爲在許多歐美文化中，就算多少會顧慮對方的感受，卻還是會直接把自己的想法說出口；即使對方難以接受自己的想法，但因爲彼此都是以坦白直率的態度溝通，反而能讓彼此有效地把話說開，也就很少因此導致關係極度惡化。

相反的，在許多以委婉爲美的亞洲文化中，對方直率的眞心話，很容易讓人誤會是對自己的攻擊。漸漸的，不說出眞正想法變成主流，但這種態度其實相當不利於跨文化溝通：明明有自己的想法，爲什麼不直接說出來？

態度堅毅，直接說出自己內心所想。

這對許多人而言或許很難，但過度忍耐導致壓力累積也不是好事啊！**坦率提出疑問、表達眞正的想法，絕對不該被當成壞事看待。**

這麼說來，炭治郎的字典裡很可能沒有「察言觀色」之類的詞彙。我們可以說，他缺乏以華麗詞藻包裝想法的技巧，覺得厲害就稱讚、覺得錯誤就指出來。

如果炭治郎是個懂得算計的角色，這麼做很可能會讓他變成史上最惹人厭的動漫角色。但炭治郎卻是個典型的天然呆，也由於大家都知道這點，所以會覺得「眞拿他沒辦法」「不覺得討厭」，並因此逐漸獲得衆人喜愛。

下弦之伍．累因爲嚮往親人的愛而創造了虛假家庭，卻遭到炭治郎嚴詞反駁：「你的羈絆是假的！」累因此惱羞成怒，強迫炭治郎把話收回，但炭治郎的回應卻是：

「我不會收回的！我說的沒錯！奇怪的是你！」

（第五集第三七話〈斷掉的刀身〉）

柱合會議開始前，風柱．不死川實彌差點殺了禰豆子，炭治郎立刻衝了過去，爆發出無法壓抑的怒火：

「敢傷害我妹妹的傢伙，管他是柱還是什麼的，我都不會放過！」

「如果連善良跟邪惡的鬼都無法分辨，乾脆不要當柱算了！」

（第六集第四五話〈鬼殺隊柱合審判〉）

這還只是其中一小部分。整部《鬼滅之刃》隨處可見炭治郎毫不掩飾說出眞心話的例子——他覺得如果不把自己認爲正確的事告訴對方，心裡就會不痛快。

我並不是要大家學炭治郎一樣過度直率。除非你眞的是個天然呆，不管說什麼大家都會原諒你，否則就一般狀況而言，這種直來直往的風險太高了。

但我不建議過度察言觀色仍是事實。請視對象與情況，盡可能直接表達自己的想法。

對方聽到的那瞬間，或許會覺得不爽。但如果對方也是個正直的人，在冷靜思考後，說不定會感謝你一針見血地指出缺失，這也很有可能成爲改善事態的契機，或是讓彼此關係更進一步的機會。

用言語表達感謝

有話應該直說，心懷感謝時也一樣。

「非常謝謝你。」

「我很感激。」

「你眞的幫了我一個大忙。」

心裡有這種想法時，**好好告訴對方**不但是很重要的事，也是禮貌。不論是表達的一方，或是接受的一方，心情必然是愉快的。更何況，在沒有確實傳達的情況下，有時還會被貼上忘恩負義的標籤。

如果過度被「太害羞了，實在說不出口」的心態所限，甚至有可能降低你的個人評價。

特別需要感謝的對象，其實是家人。

也許很多人覺得「不習慣啊，說這些太尷尬了」，或是「就算不說，應該都懂」，但不論對方是誰，用語言表達感謝都是很重要的。

舉例來說，在外面用餐時，你會對服務生或廚師說「謝謝」；但面對天天幫自己做飯、打掃、洗衣的家人，是否曾好好說出感謝的話？還是早就習慣默默接受？或者你自己就是家事的主要負責人，且從未聽到家人任何謝意？不得不說，有太多家庭因爲這種錯誤溝通的累積，導致情感交流減少，甚至因此分崩離析。

會彼此說「謝謝」的家庭，與什麼都不說的家庭，你覺得哪一邊比較溫暖、比較幸福？

我想答案應該不言而喻。

《鬼滅之刃》在第一話的開頭，就畫出了家人之間互相表達感謝的場景。即使積雪甚深、路況不佳，炭治郎依然堅持下山賣炭，媽媽便對他露出溫柔的表情說：「謝謝你。」由此可知，雖然炭治郎的父親早早便去世了，但母親並沒有嚴厲地認爲身爲長子的他就應該協助家業，反而坦率地說出內心的感謝，讓他感受到愛與溫暖。

下弦之壹・魘夢藉由術法催眠炭治郎，讓他在夢境裡看見么弟六太哭著哀求「你不要丟下我們」。當炭治郎泛著淚離開夢中的家人時，他心裡是這麼想的：

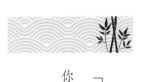

「對不起，六太，我們已無法在一起了。但哥哥永遠都會記得你，我會記得你們每一個人。」

（第七集第五七話〈拿起刀〉）

從這段話可以知道，炭治郎對家人的存在本身心懷感謝；即使早已家破人亡，這份心情依然沒有改變。

就算是面對家人，也能做到這種程度的坦率，更何況是他人。不論對象是誰，炭治郎都不吝於把感謝說出口。

尤其是因身世悲慘導致個性完全扭曲的伊之助。炭治郎不斷對伊之助說「謝謝」，逐漸融化伊之助冰封的心，讓人印象深刻。

在商場上，彼此都能獲利的交易稱爲**「雙贏」；而一聲感謝，就是人際關係的雙贏**。雙方都沒有損失，誰也沒有磨耗。

我在上一節提到，表達自己的想法時，雖然不需要像炭治郎那麼直接，但傳達感謝的心意時，請徹底模仿他。

聽到坦率的一聲「謝謝」，沒有人會覺得不舒服。

覺得感激的時候，請用言語傳達給對方。

謝意的表達，不該有家人、同伴或他人之別，而要一視同仁並發自內心。

真誠的態度不會樹敵

除了透過語言告訴對方自己的眞實想法，也能藉由行動表現。就算不說出來，還是有辦法展現自己眞正的心意、指出他人的過錯、傳達感謝的心情。行動甚至還能消除「光說不練」「只做表面工夫」的疑慮。

「這個人眞的會採取行動。」

「不是說說而已。」

我們能因此獲得別人的認同與信賴，並提高在他人心中的評價。

「算計」會漸漸被看穿，**但眞誠的舉動卻能在別人心裡留下強烈的印象、感動對方，當然也能獲得越來越多人的支持**。

心理學經常拿《十二怒漢》這部以法庭爲主題的電影來舉例。電影中的陪審團共有十二位，當另外十一位都認爲嫌犯有罪時，只有八號陪審員獨排衆議，表示因爲想更謹愼地判斷，因此投下反對票。

他不受限於刻板印象，說出自己覺得有問題的部分，說服其他十一人一一檢驗可疑證據。他誠實有耐心地進行論述，一步步扭轉了其他陪審員的想法，最後讓所有陪審員的意見從「有罪」變成「無罪」。

八號陪審員眞摯的態度與言行一致的做法，讓原本立場相反的陪審員都改變了意見。

這在社會心理學上稱爲「少數人影響」（minority influence）。眞誠的舉止，足以影響他人、改變衆人的看法。

炭治郎當然是這樣的人。與其說是誠摯，不如說是憨直，甚至讓人想對他說：「你可以多爲自己著想一點。」「不用什麼事情都做到這種程度。」除了說話十分眞誠，行爲也毫無虛假。

雖然這麼說有點沒禮貌，但炭治郎的天然呆根本讓他無敵。

因爲毫無算計、說話老實、行動率眞，所以他才能不受任何事物影響，堅定地朝自己的目標飛奔而去。

炭治郎、善逸、伊之助第一次組隊打倒身為前十二鬼月的響凱、脫離迷宮般的屋子時，發生了這樣的事。

雖然三人都隸屬於鬼殺隊，也因此並肩作戰，但彼此其實是初次見面。一直覺得「老子最強」的伊之助，為了誇耀自己的實力，突然對炭治郎發動攻擊。

就在雙方展開不相上下的攻防時，伊之助運用強韌柔軟的身體，給了炭治郎的後腦杓重重一踢。接著又為了強調自己很厲害，將身體往後彎，一張臉從兩腿間露了出來。他看著炭治郎驕傲地說：「我連這種事都辦得到。」

一般人遇到這種挑釁，幾乎都會暴跳如雷，但炭治郎卻大喊：

「別這樣！這麼做的話，骨頭會痛的！會惡化的！」

（第四集第二六話〈徒手打架〉）

炭治郎的話當然沒錯，但剛剛遭到攻擊的人明明是他，對攻擊者說出來的第一句臺詞卻是這句。如果這不是天然呆，什麼才是天然呆？

這時候，如果大罵一句「你這個渾蛋！」並做出反擊，打鬥就會延長，彼此的關係也會惡化。然而比起自己受辱，憨直的炭治郎更擔心受傷的伊之助，才使得這場無聊的爭端得以收場。

誠摯的態度固然是優點，足以改善人際關係，也有機會使事態好轉。但如果過度意識到這點、不斷要求自己這麼做，往往就會流於刻意，說不定還會讓人覺得厭惡。

如果有人說你「天然呆」，請好好珍惜這項特質，這是你與生俱來的天賦。「天然呆」之所以天然，就是因爲渾然無所覺，得以自然呈現；要是刻意爲之，就無法像炭治郎一樣眞誠直率。

絕不能忘記謙虛

「我認爲自己的實力還需要加強……我希望培養出更高、更強的實力，成爲有資格爭奪頭銜的棋士。」

說出這段話的人，是年僅十四歲就成爲職業將棋棋士的藤井聰太。二〇一七年，當時段位爲四段的藤井在創下二十九連勝的紀錄後，於記者會上發表了如上感想（二〇二〇年八月，藤井已升至八段）。

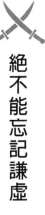

藤井成爲職業棋士後，屢屢打破前輩的紀錄、以驚人的速度升級，但他完全不驕傲，也從未表現出溢於言表的喜悅。那總是以平淡語氣說話的樣子，令人印象深刻。

藤井聰太顯然是謙虛的代表，而這樣的態度，打從他成爲職業棋士前就一直保持著。感謝家人與老師、尊敬前輩、不高估自己的實力。每次聽到他在達成新的里程碑時所發表的感言，都讓我忍不住覺得這個年輕人眞的很厲害，甚至對他心懷敬畏。

獲得成就時，沉浸於自我滿足感、想自鳴自誇的心情人人都有。即使不表現在外，也會在心裡熱烈歡呼，興奮地認爲「我好強」。

卻也有許多人因此得意忘形，反而跌落谷底。

但藤井身上完全看不到這種感覺。雖然眞正的想法只有他才知道，但那種「不覺得自己很厲害」「實力還需要加強」的表現，應該毫無虛假才是。

所以他才能朝著更高的目標精益求精，確切地累積實力，創下許多令人難以望其項背的紀錄。

眞是個好孩子，既謙虛又了不起。

從這個觀點來看，炭治郎也完美地滿足這些條件。

珍惜家人、尊敬前輩、了解自己、自律、努力……如果炭治郎活在現代，即使不能成爲劍士，想必也能在其他領域取得莫大成就。

炭治郎在煉刀師之村獲得甘露寺蜜璃的稱讚時，他先是道謝「謝謝妳的鼓勵」，再如此回答：

「我還差得遠。當時只是宇髓先生『讓我贏』。爲了打敗鬼舞辻無慘，我會加倍努力！」

（第十二集第一〇一話〈悄悄話〉）

此外，炭治郎參加柱訓練時，得到岩柱．悲鳴嶼行冥的讚美。行冥覺得他在煉刀師之村與鬼戰鬥時，比起妹妹的性命，更重視村民的性命，這樣的行爲值得驕傲，但炭治郎卻告訴行冥，下決定的不是自己，是禰豆子。

或許我們只能說，炭治郎實在太過謙虛。**保持謙虛，就是能冷靜分析自我的證明。反過來說，看不清自己的人，就無法謙虛**。這可說是一種心裡沒有任何雜質，也能確實理解成功不能只靠一己之力，還需要別人幫助的狀態。

如果心裡有雜質，就不是謙虛，而是謙遜。謙遜就是雖然嘴巴說著「哪裡哪裡，我沒有那麼了不起」，其實覺得自己很厲害。

有自信不是壞事，但嚴禁自滿。

自滿是讓成長停止的重要因素，必須留意。

越是一流的人，往往越是謙虛，尤其在專業領域中更是如此。請務必將他們的人生哲學做爲自己的參考。

拋開私欲

假設你為了購買超人氣甜點師傅製作的限量蛋糕，早在開店前就去排隊。當然，隊伍裡也有想購買非限定商品的人，所以不知道誰會買到最後一個。開店時間一到，店員便開始發放限定商品的號碼牌。幸運的是，你拿到了最後一張，後面的人想買也買不到。

這時候，你轉頭一看，有個應該還在念小學的小女生，眼眶泛淚。她非常期待能買到限量蛋糕。和她一起排隊的母親安慰著：「沒辦法，下次再來吧！」

你會把最後一張號碼牌讓給那個女孩嗎？

置身這種情況下，想必大家都很難立刻做出決定；尤其如果今天剛好是限量蛋糕的最後販售日，幾經猶豫之後，以自己為優先的人應該不在少數，畢竟是難得的機會，任何人都不想錯過。

但如果是炭治郎，他一定會馬上讓出號碼牌。無論在什麼情況下，他都會以別人爲優先，選擇讓別人開心。

炭治郎能乾脆地捨棄私欲；不，或許他根本沒有什麼私欲。

他會禮讓別人或退居幕後，將功勞送給別人。

炭治郎並非把「不以自己爲優先」當成原則，而是下意識地這麼做。

與下弦之壹・魘夢戰鬥時，炭治郎和伊之助有一段對話，可以從中感受到他的這份特質：

炭治郎：「伊之助！鬼的脖子就在正下方！」

伊之助：「不要命令我，我才是老大！」

炭治郎：「知道了。」

（第七集第六一話〈狹小處的攻防〉）

明明在生死交關的極限狀況下，伊之助還要在意誰才是老大，眞是讓人傻眼；但炭治郎的乾脆，也足以讓人跌破眼鏡。只要能把鬼打倒就好，誰主攻誰助攻一點都不重要，這種態度令人佩服。

此外，與上弦之肆・半天狗的分身激戰時，也有一段令人印象深刻的對話。

炭治郎同時對抗三個分身時，遇到了在其他地方與另一個分身戰鬥的不死川玄彌。雖然炭治郎斬斷了他們的脖子，卻在此時發現第五個分身的存在。這時，玄彌激動地挑釁，說自己才是要成爲柱的人，上弦的脖子應該留給他。炭治郎同樣爽快地把功勞讓給玄彌：

炭治郎：「原來如此！我明白了！我跟禰豆子會全力支援你的！我們三人一起努力吧！」

（第十三集第一一三話〈赫刀〉）

炭治郎自己應該也想成爲柱，但這只是找到鬼舞辻無慘的過程，而不是眞正的目標。他從頭到尾就沒有想過要擁有比別人更高的地位，或是保持優越性。

就算想拋棄欲望，也沒有多少人能夠做到。

沒有私欲的人，能促使身邊的人成功與成長，並獲得衆人的信賴。

如果想讓事情順利發展——或者極端一點，希望世界和平、人人幸福的話，就不要在意枝微末節的事情，把自己放在第二順位也沒關係。

炭治郎用親身經歷向我們展現，只要擁有這種程度的從容，自己必能受益。

第5章

了解鬼，了解人類的弱點

——鬼是人類的反面教材

利己主義的集合體

本章把切入角度從鬼殺隊轉移到鬼，將鬼的象徵性言行當成「不能仿效的錯誤示範」。請各位把這些例子當成負面教材，好避免在無意間犯下相同的錯誤。

由於本章內容與前四章要強調的概念相反，所以不會過分仔細地介紹，而是用更簡單扼要的方式進行解說。

炭治郎等人與鬼之間，有個最大的不同點。

那就是鬼完全沒有他人優先的概念（除了對鬼舞辻無慘的忠誠之外），他們只會採取對自己有利的行動。

他們身上只有私欲。利己、自私、獨善其身，認為只要自己能得利，別人死掉都沒關係。

「眞是令人惱怒……這都是在下的獵物，於在下的地盤發現，是在下的獵物……」

（第三集第二一話〈鼓屋〉）

前十二鬼月・響凱將具備稀有血統的人類孩子帶到屋裡，企圖獨自享用。當其他鬼擅自闖入時，他生氣地碎念出這句臺詞。鬼與鬼之間沒有同伴意識，這句臺詞則充分顯示他們不惜互相殘殺，也要爭奪獵物的競爭關係。

「我只要顧好自己就行了。那些傢伙都是笨蛋，不過我可不一樣。」

（第五集第四一話〈蝴蝶忍〉）

在下弦之伍・累所組織的虛偽家庭中擔任姊姊角色的鬼，在搞砸事情時對自己說，自己和那些因不聽命而被殺的鬼不一樣，藉此消除湧上心頭的恐懼。斬釘截鐵地說「只要顧好自己就行了」，聽起來像是潔身自愛的表現，但其實是對他人漠不關心。

「鬼不會變老，不用花錢吃飯、不會生病、不會死亡，什麼都不會失去。而且美麗又強大的鬼，不管做什麼都可以……」

（第十集第八一話〈重疊的記憶〉）

炭治郎對上弦之陸・墮姬說，當她還是人類的時候，應該也曾因疼痛或難受而流淚掙扎。面對炭治郎的說教，墮姬反而以上述臺詞反駁。

一旦對方斷定「自己做什麼都可以」，那就表示不管對這個人說什麼，都是白費力氣。一個人（儘管墮姬是鬼）如果變成這樣，眞的就完蛋了。

利己的思考邏輯，必定會帶給自己不幸。

立刻就會失去旁人的信任。

像是足球或籃球選手，如果只爲了自己得分，而無視隊形與戰略，只顧著自己逞英雄，到最後還會有人想傳球給他嗎？更別說要是一直無法得分，很可能連上場的機會都沒有。

只要不順己意，就對別人發脾氣、耍賴，最後就算眞的依了自己的意思，其他人也不會覺得高興，只有滿肚子不開心。長此以往，要是遇到了眞正的困難，絕對不會有人想幫忙。

自私行爲，務必戒之愼之。

欠缺溫柔的記憶

即使原本擁有溫柔的性格，一旦變成只爲自己著想的人，終將迷失自我。

《鬼滅之刃》所描繪的鬼，都是爲了逃避痛苦的現實，將靈魂賣給鬼舞辻無慘的人；也因爲變成了鬼，失去身爲人類時曾有的感情（溫柔、體貼、感謝）。

反過來說，這部作品告訴我們，不管是什麼樣的人，凡是錯認事物的本質、迷失了自我，就會變得與鬼無異。

最近對大學生活滿口抱怨，因爲「好累」「好麻煩」「想出去玩」等理由而不來上課的學生越來越多。每次看到這些學生，我總忍不住在心裡發問：

「是誰讓你們得以平安長大、成爲大學生的？」

「你們的學費是誰付的？」

當然，許多學生早就不再跟家裡拿錢，爲了賺取學費和生活費努力打工；但有些人的態度看起來簡直就像他不靠任何人就長到這麼大似的。

如果他們對（付出許多愛與金錢）扶養自己長大的父母與家人有足夠的體貼，應該不至於認爲自己想說什麼或做什麼都可以。

但我在他們身上看不到這種溫柔。

換句話說，他們或許沒有發現，自己漸漸站到鬼那一邊了。

人類的大腦爲了趨吉避凶，對吃過的虧、受過的委屈等負面記憶往往特別深刻；另一方面，因爲別人對自己好是不用躲避的，更不會導致生命危險，使得這樣的經驗反而不會牢牢留在腦中。正因爲如此，我們更需要特別努力將這些事留在意識裡。

一樣米養百樣人，我知道不是每個家庭都會以溫柔與善良養育孩子，有些人所遭遇的家庭暴力更是旁人難以想像的。儘管如此，我仍相信不論是誰，在成長過程中，一定都有被他人溫柔對待的經驗，即使是很小很小的事。不容易記得別人對我們的好，是大腦的特性，但也有些人心懷傲慢，把別人的善待視爲理所當然，不願記得。

「只要顧好自己就行了。」如果只能過著這樣的人生，那這輩子未必也活得太寂寞了些。

「每個人剛出生時都是弱小的嬰兒，必須靠某人幫助才能存活。你也一樣啊！猗窩座。」

（第十七集第一四八話〈對決〉）

戰鬥中，上弦之參．猗窩座提到自己討厭弱者，認爲弱者被淘汰是大自然的定律。炭治郎則以上述這句話反駁他。

雖然無法只憑這句話打動猗窩座的心，但炭治郎說的確實沒錯。後來的故事告訴我們，猗窩座在變成鬼之前，其實也是位擁有溫柔心腸的少年。這段描述爲炭治郎的回應更添分量。

雖然猗窩座在臨死之際找回了記憶，但只能說太遲了。一旦將靈魂賣給了惡魔，想恢復原樣可是難上加難。

為了自保，可以若無其事地說謊

日常生活中，我們有時不得已說出「善意的謊言」，也因爲以善意爲前提，所以更難苛責說謊的人。

像是爲了不傷害對方的溫柔謊言、爲了讓性格彆扭的人激起動力的謊言、故意扮黑臉的體貼謊言、爲了改善彼此關係的謊言……

在某些狀況下，說謊可能是最好的手段，我當然也做過這種事。

但絕不能若無其事地說出傷害對方、造成他人損失、爲了自保、打腫臉充胖子的謊言。

它們只會帶來負面結果，即使一時之間平安無事，長期來看仍對自己有百害而無一利，還會失去所有人的信任。

有句話說「說謊是偷竊的開始」。

誠然如此。毫不猶豫說出惡意的謊言，不會爲任何人帶來任何好處。

在與下弦之伍．累和他手下衆多蜘蛛鬼的戰鬥中，蝴蝶忍負責收拾前面曾提過、在虛假家庭中擔任姊姊的鬼。忍問她殺過多少人，鬼爲了給對方較好的印象而低報了數字。

她察覺自己的力量遠遠敵不過忍，領悟到即使正面交鋒也無法獲勝，因此不借說謊也要活下去。

「……五個。但都是奉命行事，我也無可奈何。」

（第五集第四一話〈蝴蝶忍〉）

沒想到她的謊言立刻被蝴蝶忍拆穿。蝴蝶忍猜測她共吃了八十人，並拿出光是今天就殺了十四個人的證據。

惱羞成怒的鬼展開反擊，反而吃了蝴蝶忍一招，立刻遭到毒殺。

惡意的謊言總有一天會被拆穿，而且必然遭到報應。

這一點請大家務必銘記於心。

透過恐懼、憎恨與厭惡建立關係

「羈絆」是人與人之間基於穩固的信任所建立的關係。

但這個詞的原意是拴住牲口的韁繩，因此與其說是信任，更接近支配。從這個角度來看，鬼舞辻無慘與麾下衆鬼的關係，以及下弦之伍．累所創造的虛僞家庭，或許就是這種以韁繩連結的狀態。

這樣的關係不可能成爲理想的人際關係。炭治郎以嚴厲的語氣對累說：

「透過強大羈絆所維繫的人，身上會有信任的氣息。但從你們身上，我只聞到恐懼和憎恨的味道！那種東西根本不算是羈絆，是假的……冒牌貨！」

（第五集第三六話〈這下子不妙了〉）

這句話雖然讓累暴怒，但虛假家庭很快就遭鬼殺隊瓦解，證明炭治郎說的話並沒有錯。後來，累回想起當自己還是人類時，親自斬斷了與父母的聯繫，並在後悔中死去。

由此可知，利用恐懼形成的羈絆十分脆弱，也必然會在某處出現破綻。現代社會中，這樣的例子不可勝數。

將員工束縛在公司的黑心企業。

對領導者言聽計從的社團。

上位者的權力一旦過大，什麼事都講究上下或主從關係的話，往往會讓組織產生這類嚴重的問題。如同炭治郎所說的，**利用恐懼支配的關係，不可能成爲透過信任方能結合的羈絆**。這樣的關係，就和鬼舞辻無慘與麾下衆鬼沒什麼兩樣。

只在意結果，拋棄弱者

只在意結果，或是一旦發現同伴實力不足，馬上切割拋棄的人，反而會拉低團隊整體的程度。

因爲就算部分優秀的成員擁有出類拔萃的能力，也不會讓團隊向上提升、擁有更高的水準。

給予力量不足或地位較低的人努力的機會、打造能彼此切磋琢磨的環境，才能幫助其他人成長，也才能提高團隊成功的可能性。

隨便拋棄同伴，最後剩下的只有自己一個人。

只有自己，應該會覺得超級空虛吧。

「無法再吃了嗎？你就這麼點程度嗎……我要拿走數字，這已經是你的極限了。」

（第三集第二四話〈前十二鬼月〉）

響凱還具備十二鬼月地位時，明明需要變得更強，卻逐漸失去吃人的能力。知道此事的鬼舞辻無慘，立刻毫不留情地宣告將他除名。

鬼舞辻十分果決，心中既沒有猶豫，也沒有慈悲。

累被殺時也一樣。鬼舞辻立刻召集其餘的下弦之鬼，質問「爲什麼你們這麼弱」，接著將找藉口辯解的下弦之鬼一一肅清，並斬釘截鐵地說：

「我擁有一切的決定權，我的話就是絕對。你沒有拒絕的權利，因爲我說『正確』的事就是『正確』的。」

（第六集第五二話〈冷酷無情〉）

這就是鬼舞辻的手段，連「殘酷」都不足以形容。

「這樣的話，他手下的衆鬼不是很可憐嗎？」某位國中生讀了這段故事後這麼說，認爲鬼舞辻所說的根本是不折不扣的職權騷擾，而自己應該以此爲警惕，反省個人的行動。

鬼舞辻的終極目的是取得「藍色彼岸花」這種藥，好讓他獲得即使照射陽光也不會死的體質。

鬼殺隊是他實現夢想的阻礙。為了躲避鬼殺隊的攻擊，他不斷增加部下的人數，並以徹底的實力主義來統治他們。但天不從「鬼」願，唯一獲他認可的上弦之鬼接連遭到鬼殺隊鏟除，證明了他的領導方針並不正確。

在意結果並沒有錯。

但重視過程也很重要。

擁有共同的目標、接納第一線與基層人員的意見、開放與開創性兼具的溝通，而非什麼都由高層決定。這樣才能讓所有人不斷成長，這樣的團隊也才能逐漸變得強大。

以恐懼支配的組織，終有瓦解的一天。

嫉妒與憎恨讓人變成鬼

誰都會嫉妒或羨慕他人。

但不該被這些情緒糾纏。

之所以羨慕他人，是因爲對方擁有自己欠缺的事物，並因此抱著渴望與景仰的想法。

我們不該讓羨慕變成嫉妒，而是要把對方當成目標，找出需要改善之處，努力彌補自己的不足。想要成長，這樣的態度是必須的。

雖說嫉妒心也有可能以反骨精神的形態轉換成前進的能量，但若因此危害他人、惡言相向，就是鬼的行動，反而完全搞錯重點。

近年來，網路霸凌越來越頻繁，許多人往往受嫉妒心糾纏（卻以爲自己是正義的一方），任意留言謾罵、做出人身攻擊，看了眞的讓人心情沉重。

這是因為許多人懷有方向錯誤的認同需求，再加上扭曲的自我表現欲，才會導致狀況不斷惡化。

面對面時絕對說不出口的話，也因為匿名的緣故變得口無遮攔。這樣的人唯有躲在人群中才敢做壞事，只能說既膽小又惡毒。

想必他們沒有發現，自己已陷入了因心靈空虛而持續作惡的負面循環。打從一開始就不該這麼做，便不至於持續遭到深不見底的空虛感侵襲；但就算指出這點，他們也聽不進去。

這些人就和《鬼滅之刃》裡的眾鬼一樣。這些鬼過度受嫉妒心綑綁，產生了常人難以想像的想法。當然，他們對炭治郎的開導或說理置若罔聞。

妓夫太郎與墮姬兄妹組成的上弦之陸，就是典型的例子。他們還是人類的時候，曾在嚴苛的環境中度過受虐的童年，因此對於「擁有」的人有著超乎常理的怨恨與嫉妒。尤其是哥哥妓夫太郎，簡直到了脫離常軌的地步。

他對長相帥氣、體格精壯的音柱・宇髓天元說：

「你的臉蛋眞漂亮！皮膚也很好，沒有皺紋、斑點跟傷口，身上也很有肉；哪像我，都吃不胖。你的身高也很高，應該有超過六尺吧？」

（第十集第八六話〈妓夫太郎〉）

當善逸訓斥墮姬「討厭別人怎麼對妳，妳就不要那樣對人」時，妓夫太郎代替墮姬反駁，並如此主張：

「自己遭遇了這麼多不幸，如果不從幸福的傢伙身上討回來，就討不回來了！」

（第十集第八八話〈打敗的方法〉）

那些四處說人壞話的人，要是看到這段臺詞，會不會臉色鐵青呢？雖然有程度之別，但他們做的事、說的話，和妓夫太郎的形容幾乎沒什麼兩樣，不是嗎？根本的概念和思考是相同的。羨慕別人沒有關係，但如果轉變成負面力量，就應該出局。

世界上沒有完美的人，每個人的想法與理解也都天差地遠；好壞的評價因人而異，事情也有許多面向。在匿名空間裡主張自己是唯一的正當性，並據此攻擊別人，是錯誤的行為。腦科學家中野信子稱這種行為是「正義中毒」。

若想要自己沒有的東西，就努力去爭取。

如果無法用這種心態面對，言行舉止將會越來越像鬼。

結語

讀一部人生的教科書

誠實、坦率、認眞。

無論如何，炭治郎這種正直且沒有任何雜質的人生哲學，必定將持續創造出眞正的強韌，並帶給許多人勇氣、活力與感動。

本書是根據《鬼滅之刃》原著漫畫的情節所寫，而正如大家所知，這部作品也有動畫版與動畫電影。

這部作品的動畫版中，有些原創情節具備了畫龍點睛的效果，讓炭治郎的特質更加凸顯，同時也巧妙地汲取了原著的優點，將故事節奏處理得更明快。

譬如炭治郎與善逸在最終選拔後，久別重逢的情節。

善逸突然對初次見面的女性求婚，這種難以置信的行爲讓對方相當困擾，恰巧出現的炭治郎立刻出手相助，善逸當然就被甩了。兩人在激烈口角後，一起朝著目的地前進。

接下來，動畫版原創的情節登場了。

善逸肚子餓了，卻沒有帶任何食物，於是炭治郎拿了一顆飯糰給他。雖然才被善逸痛罵「都是你害我結不了婚，給我負責」，但他卻完全沒放在心上，還眞是只有炭治郎做得到的事。

善逸咬了一大口，問炭治郎：「你不吃嗎？」

結果炭治郎回答：「因爲只有一顆。」

善逸聽了，便把飯糰分成兩半，把其中一半遞給炭治郎：「你也吃吧！」

炭治郎竟然說：「可以嗎？謝謝你！」

明明是自己的飯糰，而且還只有一顆！

這段溫暖又趣味橫生的情節，展現出炭治郎寬大的心胸，以及善逸自然不做作的溫柔，甚至可說是觸碰到兩人強韌的核心也不爲過。不過原著並沒有畫出這一段，使得這一幕只能在動畫中看到。

除了全套原著，我相信許多《鬼滅之刃》的粉絲也都一定看過動畫版。無論是都看過，還是只看動畫/漫畫，建議大家務必兩者都看，樂趣一定會多兩倍，甚至三倍。

《鬼滅之刃》是一部相當深奧，充滿了許多精采內容的傑出作品。

本書介紹的臺詞與情節只是其中的一小部分。雖然本書多以主角炭治郎爲例，但其他登場人物也留下大量的名言，做出了不起的行動。

整部《鬼滅之刃》就是人生的教科書。

即使如此形容，也絕非誇大。

希望大家可以從閱讀該作品的過程中獲得更多的感觸，進一步學習、參考，並應用到現實生活中。

如此一來，想必能讓內在變得更強韌、獲得更堅定的自信，也擁有更多歡樂與幸福的時光、得到成就感與滿足感的瞬間。

Eurasian Publishing Group
圓神出版事業機構
用心與你對話·視野無限寬廣
究竟出版社
Athena Press

www.booklife.com.tw reader@mail.eurasian.com.tw

心理 066

鬼滅之刃心理學——打造強韌內在的38個法則

作　　者／井島由佳
譯　　者／林詠純
發 行 人／簡志忠
出 版 者／究竟出版社股份有限公司
地　　址／臺北市南京東路四段50號6樓之1
電　　話／（02）2579-6600·2579-8800·2570-3939
傳　　真／（02）2579-0338·2577-3220·2570-3636
總 編 輯／陳秋月
副總編輯／賴良珠
責任編輯／林雅萩
校　　對／林雅萩·蔡緯蓉
美術編輯／林韋伶
行銷企畫／曾宜婷·陳禹伶
印務統籌／劉鳳剛·高榮祥
監　　印／高榮祥
排　　版／莊寶鈴
經 銷 商／叩應股份有限公司
郵撥帳號／18707239
法律顧問／圓神出版事業機構法律顧問　蕭雄淋律師
印　　刷／祥峰印刷廠
2021年5月　初版

定價 280 元　　ISBN 978-986-137-321-8　

　Printed in Taiwan

如果你選擇直接面對自我發展過程中的種種問題，
並積極尋求改變，你就走在通往「了不起」的路上。
你會不斷走出心理舒適區，創造新經驗；
你的思維會從保守僵固，變得靈活進取；
你會收穫歲月和經歷凝聚成的智慧，
最終成為了不起的自己。

——陳海賢，《了不起的我》

國家圖書館出版品預行編目資料

鬼滅之刃心理學：打造強韌內在的38個法則／井島由佳 著，林詠純 譯
-- 初版 -- 臺北市：究竟，2021.05
208 面；14.8×20.8公分 --（心理：66）
譯自：『鬼滅の刃』流 強い自分のつくり方
ISBN 978-986-137-321-8（平裝）
1. 自我實現 2.生活指導
177.2 110003791